命理生活新智慧・叢書 96

投資煉金術

金星出版社 http://www.venusco555.com
E-mail: venusco@pchome.com.tw
法 雲 居 士 http://www.fayin777.com
E-mail: fatevenus@yahoo.com.tw
fayin777@163.com

法雲居士⊙著

金星出版

國家圖書館出版品預行編目資料

投資煉金術／法雲居士著，
--臺北市：金星出版：紅螞蟻總經銷，
2011年2月 初版；面；公分—
（命理生活新智慧 叢書；96）

ISBN: 9789866441349 （平裝）

1.紫微斗數

293.11　　99025783

投資煉金術

作　　者：法雲居士
發 行 人：袁光明
社　　長：袁靜石
編　　輯：王璟琪
總 經 理：袁玉成
地址：台北市南京東路 3 段 201 號 3 樓
電話：886-2-2362-6655
FAX：886-2365-2425
郵政劃撥：18912942金星出版社帳戶
總 經 銷：紅螞蟻圖書有限公司
地　　址：台北市內湖區舊宗路二段121巷28・32號4樓
電　　話：(02)27953656(代表號)
網　　址：http://www.venusco555.com
E-mail　：venusco@pchome.com.tw
venusco555@163.com
法雲居士網址：http://www.fayin777.com
E-mail　：fatevenus@yahoo.com.tw　fayin777@163.com
版　　次：2011年2月 初版
登 記 證：行政院新聞局局版北市業字第653號
法律顧問：郭啟疆律師
定　　價：400 元

行政院新聞局局版北字業字第 653 號
(本書遇有缺頁、破損倒裝請寄回更換)

ISBN：9789866441349　（平裝）

序

近來有許多朋友向我詢問要不要到國外投資的問題？以及到外國投資是否是吉方的問題。也有學生再三向我建議，要我寫一本有關於投資適合的產業與可前往的方向的書，好讓大家在面臨這些問題，在徬徨、不知進退的時刻，可有所依據。我想：這也是時代趨勢的話題。

目前台灣及世界上大多數地區都面臨經濟不景氣，有些人會為了追求更多的財富，而想往歐美、美加地區及不同的地方投資。有些人也為了替公司集團追求高利潤，想往大陸投資發展。但是有些公司到歐美地區，往往產生不利，坐吃山空，並不能得到自己想要的高素質財富。長期以來台商在大陸遇害的人數也直逼數千人大關。有些人是發展的很好，成為國際化的企業集團，追上了大陸地區的經濟成長率，佔有了掌握市場的先機。為什麼這些人會有這麼不同的人生際遇呢？很多人都想知道自己是否是較幸運的人類？投資以後，真能一帆風順，創造更大的財富?每個人都想有這些好際遇，但並不是人人都適合做這樣的計劃的。

台灣地處亞熱帶，在大陸的東南隅。出生在這裡的人，也多半具有五行帶木火的特質。在命格中也必須是在夏季出生的人，喜用神為金水格局的人，較能向北方、西方發展，較會成功。而出生在春季、秋季、冬季，喜用神為火土格局的人，以在南方發展為佳。不適宜到歐美、或北京、上海、東北地區發展。甚至於在日本、韓國之類的地方都不好。至於喜用神為木火格局的人，也以南方、東方為發展的吉地。每個人必須以八字內含來找出自己的方向。

每個人的喜用神宜忌就是你個人專屬的生命磁場方向。這是每個人都不一樣的。有時候一家好幾個人的命格之中，一些是喜用神需火忌水的，另幾個人是喜用神需水孔急忌火的。在這樣一個公司成員中的數個人之中，有些必須待在台灣或往南方投資、居住是好的。另幾個人是往歐美、北方地區投資、居住是好的。所以一家公司的人之中往往磁場方向不一樣，在投資之後，境遇就不一樣了。有些人好、有些人則運氣很背，無法振作，也無法享有好的生活，而退出。

投資就是關係到賺錢與否的事！喜用神宜忌是否得宜？方向是否正確？這樣的決定是否是對小投資真正是好的？

一個人喜用神宜忌方向對的時候，例如喜用神是金水格局的時候，前往歐美國家或在屬水、屬北方的城市，事業便會順利賺錢，也會有奮發力，能有光明的遠景和目標，企業體未來的成就也會高，也會累積財富。而喜用神方向不對的時候，例如喜用神是屬木火的格局時，便要在東南方，例如在台灣或東南亞一帶才會對他有利。若前往美國、加拿大、歐美、大陸北方等地，便會運蹇，凡事不順、財窮、思想行為滯礙難行，處處置肘，發展不開。也會出現災禍。例如：庚寅年奇美電腦的面版公司被韓國三星公司密告歐盟，被課三億美元的反侵銷稅。奇美電腦在台灣起家，自然是須要火的，以在南方或靠近赤道地區對其有利，較會賺錢多且順利。朝北、至歐美的國家地區則為金水地區，對其較不利。庚寅年又屬金，故更為辛苦多是非了。

我常說：人生中每一件發生的事都是『時間點』所構成的。每一個時間點有好、有壞，有吉、有凶。每個人生長、存活的環境也有吉、有凶。在不好的時間點中，人會頭腦頑固，思慮不順暢、頭腦不清楚，還偏偏喜歡到自己的忌方、凶方去。像冥冥之中有鬼神領路一般，遇到凶難之事也是必然之事。命格硬、福多一點、財多一點的人，可以躲過致死的凶災。但煎熬困難還是脫不了的。命弱的人，例如空宮坐命的人，或『機月同梁』的這幾種人，或財少、福少的人，則無法躲過極難和最嚴重的災害，往往他們是首當其衝而遭難的。

事實上也有一些人在大陸上投資賺錢，在歐美地區也發展很好的，一般人認為大企業家比較有錢，比較會成功。可是大家忽略了一點，大企業中用人多，用到的命格喜用神為金水格局的人也多，故較易在大陸開展成功。若是用到喜用神為火的人多時，則宜在南方發展。在北方發展，仍是耗財多，成功不易的。

最近幾年在許多高科技產業前往大陸設廠，有的發展迅速，有的則多遇困難，拖拖拉拉，這也和負責人的方位宜忌有關。近年也有許多年輕人到大陸求職，據說在上海一地的台灣人來此工作的人數，就已超過上百萬人之譜了。有的謀求了高薪、高職位。有些人仍在摸索階段，進退不得，這也必須要多瞭解自己的宜忌方位，才不會耽誤、浪費時間做無謂的打拼，而無所得。因此，當每個朋友在考慮自己或家人是否適合向外投資時，第一要件，就要考慮的是自己的吉方位是什麼？要去的國家的方位是什麼？要知道自己的吉方位，便要先弄清楚自己的磁場、自己的喜用神才行。這是人生趨吉成功的不二法門。

法雲居士　謹識

命理生活叢書96

投資煉金術

目錄

第一章　心想事成的投資煉金術

在現代人的觀念裡，大家都很注重投資，聽說在台灣的某間私立小學就開始教小學生投資股票了。小朋友們也根據老師的教戰守則在股市殺進殺出，亦有所獲。在香港的小學中也都有教導金融投資的課程。可見現今華人都很重視小孩從小就開始養成的金融觀念和投資觀念。雖然這個狀況表面上看起來有點揠苗助長，但是教導小孩金融投資觀念，就像給他們工具一樣，未來要在『財富』上煉金，就先已學會使用工具，是『投資煉金術』最先前的關鑑的一步。

目前這個年代，有許多富有的年輕人是靠父母打下江山而成為富二代的。未來呢？前面所說的這些『小投資家』將在十年至十五年後會展現實力，將來世界首富就不會是美國人，而是中國人了！

第一節　你也想生一個比爾．蓋茲這種兒子嗎？

很多人都羨慕世界首富比爾．蓋茲的爸爸老蓋茲。也時常有人問老蓋茲：你是怎麼生出如此的兒子的？也有記者問過比爾．蓋茲妹妹：你爸爸怎麼教導你哥哥的？

當然！這些回答一定都很普通，完全是普通的教育。有時說是家庭溫馨的力量使然。這些都讓人不太信服，多少會懷疑老蓋茲有些什麼教育的撇步、秘方而不願意示人。

其實我以一個命理師的角度來看老蓋茲的問答，我是相信他是沒說假話，沒唬弄人的！因為，就連他也未必知道自己到底是有何能耐會生出如此青出於藍豪富的兒子出來。更正確一點，人都是跟著命運走的！就連比爾．蓋茲本人也未必弄得清楚為何在二十歲左右一路發到無法收拾而成為世界首富的地位。

你可能覺得：『這太離奇了吧！』比爾．蓋茲回想自己在學校上學的狀況，和現今自己做比較，也會覺得十分離奇的呢！

大家都想生個『比爾．蓋茲』這種兒子

很多在今世已經來不及成為富翁的人，但非常想在今世生出一個像『比爾．蓋茲』的這種兒子，以償做富翁之夙願。

我有一個學生研究比爾蓋茲的八字很多年，自然也很希望能生一

個像『比爾．蓋茲』一樣的兒子。目前正在努力中。

其實很多人多像他一樣有相同的願望。以為能生出這樣的兒子出來，自然而得富貴，自己就不用辛苦了！可是，這種想法，很少能天從人願的。也可說是根本不可能的！因為本身做父母的人都已經具有這種聰明又愛享福的想法了，根據遺傳的原則，則你的兒子將來也同樣是一位想等待生出『比爾．蓋茲』這種兒子的人。

第二節　成功煉金術的法寶

基於以上的理論，所以我奉勸大家，想『發富』最好從自己做起。有一些人常常會埋怨，看別人投資發財十分順利，但是等到自己去投資時，卻狀況百出，認為老天真是不公平！其實，投資是有步驟，有結構，有先天性的智慧，甚至是有宿命的。有些人與『財』接近，或本命『帶財』多，便能聞得出『財』的方向、位置，只要輕鬆的靠近，便能得財。**有些人對『財』不敏感**，或根本異想天開，對金錢及投資毫無觀念，形成『財空』的狀況，自然是『投資看運氣』，而其人已頭腦空空，又會那來的運氣呢？因此投資失敗而耗費錢財了。

再則，投資方向與投資內容，是必須合於你本人的喜用神方向和類別，才會有利於你，也才會成功。反之，則會失敗。**例如命中土多缺水**，土會蓋住水的人，就無法投資房地產，也無法投資陰宅墓地、塔位等，以及陶瓷類用品等，也不宜在中部、南部、沙漠、中東地區、赤道地區、南非等地投資，否則必有失敗。此類命格的人，適合投資水資源、水晶、海洋類用品、海產、飲料、運輸業等行業。我就看到一位日籍太太，命中火多，以在日本賣水晶而發富。

人天生會以什麼行業、什麼事情而發富，這是命中早已注定之事。你的八字喜就露出暗藏之玄機。有些人懵懂的時候會和自己的元神及喜用神背道而馳，以造成自己的運騫不順。但如果頭腦清楚時，便萬萬不敢和自己作對了！

所以，其實想要『心想事成的做到煉金術』，其實也不難，只要順著自己的好運方向，自己的吉方、財方，找出自己的喜用神出來，便能朝向成功的煉金術邁進。

後面的章節中，提供了十一步的『投資煉金術』的方法，供讀者參考。相信對您的投資會大有幫助的，也祝福大家早日位列富豪之列！

第二章　投資煉金術第一步
——如何預估大環境好壞

在所有關於投資煉金問題中，有關大環境好壞的預測，往往是所有人第一個想到、看到的問題。我也覺得人往往應先看到自己的實力，先去規劃、計算自己周遭的資源，有了實力、資源，再來談投資煉金是比較有效的方法。至於大環境好不好，則不是你能力所能改變的，你是無能為力的。大環境不好，而你的大運、年運好，你依然不受影響，會做得很好，也會賺到錢。也可能正是因為大環境不好，而你正做對了行業或決策而產生對自己有利的環境或機會，使自己大發的，也不一定。

俗語說：『英雄出亂世』。大環境不好，也可能正是許多人發跡的企機。大環境好時，大家都賺錢容易，也許你的機會反而少了。所以每個人最重要的是看自己的大運、流年最準確。

對外投資方面，大環境好，來投資的人數眾多，很多國家便會限制外國人投資人數，反而是對你不利的。大環境不好，世界景氣低瀰，很多國家經濟狀況不好，希望外國人投資帶來資金，來繁榮他們的國家，相對的，外國人投資的門檻便會放鬆。因此大環境的好壞對你來說不是沒有影響，但影響是反覆不定、不確定的，要好好觀察的。

如何來預測大環境的吉凶

大環境的預測在紫微命理中十分準確，幾乎一下子便抓住了每個年份的最關鍵、緊要的問題所在了。

在紫微命理中『年干四化』便代表了大環境的一切狀況了

例如：辛年在大環境中代表的是太陽化權、巨門化祿、文曲化科、文昌化忌，這代表什麼意思呢？

『太陽化權』：這表示在辛年一年之中，在整個世界的大環境中，會受到太陽星系的強烈影響。太陽黑子會活躍，會擾亂地球，干擾電信及人造衛星。地球上之暖化現象會更加嚴重，這要到壬年時才會慢慢緩和下來。在世界上，強勢大國如美、中等國會展開角力。因此也會影響世界經濟發展。

比較陽剛或靠近赤道的國家會發生衝突、戰爭。例如北韓這種獨裁體制的國家，在二〇一〇年末向南韓示威開砲，辛年的二〇一一年有昇高的趨勢。非洲、阿拉伯等火土重的國家容易有旱災、飢荒與戰爭。『太陽化權』代表的是旱災飢荒與火山爆發。『巨門化祿』代表的是滿足口腹之慾。因此會有強國帶領世界性的救災行動，問題會控制住。

另一方面在政府機關會較強勢，高等學府會受到重視。公權力會受到重視。

『巨門化祿』：這表示在辛年一年之中，世界級的談判和協調特別多。而且會談判成功。這一年國與國之間，會利用先挑起話題，好像發生爭執了，再利用圓滑的協談將之解決。國際間更喜歡利用表面上的『雙贏』模式來協商談判。這一年，每個國家都注重糧食問題。世界上一些地區也會有飢荒和火山爆發。但飢荒會有全世界國家救濟。火山爆發的問題，會有海底所產生的洋流循環而慢慢化解。

『巨門化祿』的這一年，表示世界上的人都重吃食，和說好聽的話。因此『料裡節目』和食譜會繼續大行其道。全世界的食品工業、餐飲工業會創下高於歷年收入的佳績。此年也要小心在醫療體系中，大腸及消化系統病症的病人會增加。

『文曲化科』：這表示在辛年，世界上會出現更多有才藝的人。會在表演、歌曲、舞蹈、運動等方面很有方法的表現才藝、才能。更表示在辛年中，演出活動會增多。許多大型演唱會、歌劇，或球賽、比賽、各式表演都會豐富的展開。因此，辛年是多彩多姿的一年。

『文昌化忌』：表示辛年這一年，要小心國際間會訂一些古怪的、不合理的條約。例如利用反傾銷法來制裁別的國家。或用配額制度再次限制別國進口。雖然這幾年世界上的國家普通簽訂經濟合作協定。但會抵制這些協定的新機制作法又在此年產生出來。

『文昌化忌』就是不精明，會弄錯帳。在辛年，銀行要小心大烏龍事件，投標工程：大集團也要小心金額與契約上的大烏龍事件。

例如：壬年在大環境中代表的是武曲化忌、天梁化祿、紫微化權、左輔化科，這是什麼意思呢？

這就表示在壬年，這一年之中，在我們所有人的大環境之中（包括全世界）是會有金錢上的是非麻煩、糾紛。也會有政治上的是非麻煩和糾紛。而且環境中會遇有一些包袱難以解決。有人會愈幫愈忙的。此年也會有政治掛帥、政府或領導者要強勢的主控一切的狀況。但是也會有一股輔助的力量在運用非常技巧、有手段的方法在幫助弱勢的人，這也是輿論的力量在運作，會使某些問題導入常規之中。

事實上我們也可看到在世界局勢方面，在上一個壬年二〇〇二年美國『九一一』事件之後，美國發動對阿富汗的戰爭，以至後來的以阿戰爭、衝突，世界景氣回復的很慢，許多公司裁員、倒閉，經融危機時時隱現。美國奔走於世界各國協調對付阿富汗的問題及以阿衝突的問題，**這些政治衝突，皆是武曲化忌的問題**。在國內，則爆發種種和金錢有關的弊案問題，公司裁員，經濟萎縮，股市不佳，大家賺錢辛苦而減少，政治上也不穩定，多衝突事件，這些都是武曲化忌所造成的問題。

在二〇一二年的壬年中，也會有其他的政治衝突或戰爭等發生。

『天梁化祿』：所代表的問題是一些因得利而產生包袱的問題，而要照顧別人更多，或是因感情糾葛算不清楚的問題。在世界局勢方面，前次的壬年，美國雖因對付恐怖主義、推翻了阿富汗教義派的政府，另扶植新政府，但罪魁禍首賓拉登始終抓不到，且要救援阿富汗窮困的經濟和人民的生活，背負了一大負擔。美國雖與中國大陸有高階官員互訪，關係改善，但也宣佈有核彈對準了中國大陸，這也是感情糾葛的外交問題。使世界局勢詭變不已。

在台灣政府方面，許多因金錢問題的弊案也使當時的扁政府背負了更多的包袱，在二〇一二年的壬年中，世界各國和台灣又會產生新的包袱和須要救濟之事。

『紫微化權』：所代表的問題是領導者或政府高階會強勢的干預。像二〇〇二年的壬年，美國政府在那次恐怖主義事件中就強勢主導報復的行動。在壬年中台灣的政府也會在很多事情上主掌控制權。因此領導者和政府是強勢的能主控世界局勢和政治局勢的。小國家或小百姓相對的會成為犧牲品或敢怒，言而不達上聽，會受到控制而無力反抗。

『左輔化科』：所代表的問題是平輩或相關的、站在一旁的人，會用有經驗的、有智慧的、有技巧的、有手段的方式來幫助、抵制強權。因此在世界局勢上，美國不得不忌諱別的國家的感觀，在對付恐怖主義和阿富汗問題上，必須和歐美、英法及北大西洋公約組織及阿拉伯等的國家來合作，才能一同對付。在台灣方面，許多洩密案，政府雖強勢干預，但媒體、新聞界用輿論的力量也能相互抵制消長。但無論如何，這也是大環境中自然淘汰、排除一些舊有存在的積弊的時刻，這是不能說是不好的。

癸年有貪狼化忌、破軍化祿、巨門化權、太陰化科

癸年所代表的大環境是機會減少，所有的國家和政府、人民皆會保守，不相信別人，也會形成區域性的防衛措施。目前歐洲經過整合，統一用歐元，以後這些歐元國家就會在癸年時在經濟方面形成防衛的組合。未來的一年，世界上也會形成許多經濟版塊。像東南亞會形成東南亞的經濟聯盟。這些經濟版塊在短時間上會有一些相互對峙，各自保守的狀況。在台灣方面，會因壬年所發生的一些洩密案，而在癸年，有外交上的困境。在癸年，不論是世界上其他的國家或台灣政府，都會做一

些破耗、投資、開拓的工作，而暫時得不到回收。也會在很多議題上吵鬧不休，吵得凶，聲音大的就能有主控權，**爭鬥很凶。這是巨門化權的功力**。另外世界上或我們的政府也會有技巧的，有手段的，做一些和錢財或溫暖人心的事情有關的事。無論如何，癸年時，在大環境中，終究是有一些錢財可賺了，而且大家經過了壬年的整合，認清了事實，就會努力往儲蓄資源方面努力了。這就是癸年時的大環境。

《有關各年之大環境的問題在法雲居士所著『紫微賺錢術』一書中有『年干和歲運』一文中有詳述，請參考之》

有關大環境的影響，很多人都覺得是不能把握的，很虛浮飄渺而遙遠的，但是你只要懂得一些紫微命理的解釋，便能掌握每一個年份的大環境脈動的訊息了。雖然每一件所發生的事情內容不盡相同，但實際上大致的狀況都差不多，總是政治與經濟上面的好與壞，國與國之間、政府與人民之間的親密與對立，窮與富之間的消長，以及人世間的是非、糾紛而已，有好、有壞、不會全部好，也不會全部壞，這就大環境中的變化。然而我們要深究大環境對於我們自己的影響，最好還是看自己所屬的年運最要緊。大家都可看得到，**大環境不好時也有人在發財**。大環境好的時候，也有人倒霉，窮困。因此大環境好不好似乎比你自己的命運所帶給你的影響力微不足道了。只有自己的運不好，才會推說大環境的影響，而害到你。

因此我覺得在投資的時候，還是先自己替自己算一下命，算算你適不適合去投資？再算一下未來幾年間有沒有好運氣？未來的大運是否可承接好運氣？有了這些資訊，實在比你茫然的等候經濟復甦，或一窩瘋的跟進，會有把握的多了。

第三章　投資煉金術第二步

——先預測好自己的大運、流年

每個人在做重大決定時，都會想到運氣好不好的問題。但有一些人是因為運氣不好，而想改變，所以要到他地、他國去發展的。有些人則是被希望、利益沖昏了頭，只想到好的一面，故意忽略、不願意想到不吉的事情，所以才在發生問題時很驚恐。

其實非常簡單，把命盤打開看一看，你目前的大運、流年運程是否是適合變動、改變的運程？是否是吉星、財星居旺的祥和、平順、有財的運程，便一目瞭然的可知道是否可去投資了。

投資煉金術

每個人要想走好運，必定先是要大運好。大運是吉星、財星多，又居旺、居廟的人，十年中的運氣都不壞。逢到流年好，則好上加好，逢到流年差時，也不至於太壞，會有中等的程度。**大運不好的人**，十年中的運氣都是起伏不定的，逢到流年好時，也無太大的感覺。逢到流年差時，則痛苦萬分。

對外投資是經濟、錢財上的變動，自然要找自己命盤中有財星武曲居廟、天府、紫微居旺、太陰居旺的好運程而去做投資了。至於在前往的時間點上，要求的是平順、祥和。有財星、祿星是不錯的，福星居旺的時間也就非常好的。例如天同居旺、天相居旺的時間，也非常好。但是福星居旺的運程，你都會比較懶得變動，做事也不積極這是須要注意的。

在卯年(兔年)時，有四分之一的運氣不佳，有四分之三的人有好運。

在辰年(龍年)時，也差不多有四分之一的人運氣不佳，而四分之三的人是好運的。

在午年(馬年)時，有許多人的流年運程要比巳年（蛇年）好得很多。有四分之三的人有好運。**而巳年（蛇年）時則有七成的人逢壞運**，這是非常不同的，因此兔年、龍年、蛇年、馬年也都是值得打拼的年份。在羊年則只有一半的人有好運，一半的人運程較弱，這是根據命盤格式的流年運程來預估的。

錯誤的觀運方法

有些人常拿壬午年、壬年的武曲化忌加在自己的命盤上來觀看大運、流年的運程，這是錯誤的方法。以前我在別的書上有專文討論過，因為近來又有許多來論命的人又多次問到這個問題，故而再談一次。

壬年所逢的武曲化忌，是存在於你周遭環境中、大環境中的問題，例如壬午年是世界上或國家、社會經濟上較窘困的環境，且多錢財是非、爭執狀況的問題。就像二〇〇二年開年以來，社會上爆發了許多和錢有關的弊案，政府對錢財分配上的煩惱，政府高層用錢讓百姓執疑等等問題。這些問題都是在你的大環境中發生的，對你會不會有影響呢？有！當然還是會有的，例如失業率偏高，你就可能會是受害者。倘若你自己流年運程好，也不會有多大的影響和感覺，你依然工作得很好，錢財順利。除非你是壬年出生的人！當年又走『武曲化忌、天府』之年，對宮是『七殺、擎羊』相照的人，你就會有錢財上的是非麻煩了，也不適宜投資了，因為當年年運不佳，外界的環境又是凶險的環境所致。

倘若你不是壬年生的人，武曲化忌對你的影響是微乎其微的，也不太會有感覺的，只是聽人說景氣不好而已。

每一個人的命盤中的『權祿科忌』排出後就固定了，我們看活盤是指大運、流年會一個一個移動，接下去行運。早些年有一派斗數作家提出飛祿、飛忌之說，把當年年運的年干化星也拿出來加入個人命運中解說，這種學說只是在混淆是非，故弄玄虛而已，事實證明此法無根據（斗數全書上並沒如此教你這麼算），也無印證，常把許多讀者腦子搞亂了，反而算不準命運，因此這是個害人的算法。

每個人都只行自己的命運，別人的命運是影響不了你的，也請不要把家人或男女朋友的命運和自己加在一起來看。因為每個人都是個體，沒有任何人能幫你活，也沒有任何人能控制你的命運，除非你自己運不好，所遭遇的環境不佳，才會遭災，遇惡人。一切還是要看自己的『命和運』。

如何看大運及流年中的境遇好壞

看大運或看流年，不但可知當運時的吉凶、富裕程度，也可預測當時環境的好壞，可先考慮，是要怎麼樣去應對的方法。凡人做事，只要能預知狀況，心裡有了底，好好計畫、營謀，遇難事可轉敗為勝，化險為夷。遇好運之事，原先已有承接好運的心理準備，更可一帆風順，事事順心，贏得大財富。

要看十年大運中所會遇到的環境好壞，不但要看大運所在的宮位，更要看對宮有什麼星在相照。也就是看大運遷移宮。要看某個流年一年中大致會遇到什麼環境，也是一樣的。不但要看當年流年運程，更要看流年遷移宮的星是什麼星就可知道了。

通常我們看大運時，是不看大運遷移宮、大運財帛宮、大運官祿宮或大運六親宮的。因為大運是看十年間的運程好壞，十年間太久遠了，太籠統了，只要看每個流年所代表的運程會更精準一些，故而不看。但是當你要去對外長久投資時，這就可能不是三、五年會完結的事了。這時你就可以稍為看一下、預測一下這十年中你所會遇到的大概狀況和環境為何，以求保險起見了。

同樣的，**若你想看此一年中所大致會遇到什麼樣的狀況**，會不會賺錢，你也可看流年遷移宮中是否有財星，有吉星而能定了。

另外像流月遷移宮、流日遷移宮也都代表當月或當日周遭及外面環境的狀況。

例如大運或流年、流月、流日走七殺運的人，流運遷移宮中都有一顆天府星，外面的環境是紫府、武府、廉府、天府，這表示周遭環境中財多，是一個大財庫，於是你看得到財，便會拚命努力打拚，埋著頭苦幹，去努力得到。因此人在走七殺運時是會賺很多錢的。

有些命理人士也把七殺當財星，說是勞動的財星。這是不對的！七殺是殺星，也是煞星，有強悍凶猛的味道，七殺和武曲同宮是『因財被劫』的格局，七殺還如何能為財星？七殺只是因為對宮相照的有天府星，代表勞動努力打拚，向外劫掠而得財。是凶悍苦幹、實幹所得的財。因此不要把殺星、財星弄混了。

又例如：

『破軍』運

人走破軍運時，對宮一定有一顆天相星。表示你會在一群溫和、老好人的環境中，肆無忌憚的打拚、奮鬥、破壞、耗財了，或是反複、重複的除舊佈新，做重大的改革和投資，而得到平順。**在這個大運或流年運、流月運、流日運程中**，你做了很多、很累，最後也只是平順而已。很可能是收穫果實是要等一段時間才行的，是不見得有馬上可收穫的狀況的。你當時周遭及外面的環境是環境很不錯、祥和、溫和，而且有一群會理財，會做事的人來幫忙，他們脾氣好，會忍受你的反覆無常，而且會幫你收爛攤子的。而你卻是決斷力很強，敢於反抗傳統，打破舊制度，敢於改革的。而且還有一種急迫感和衝動力，不時的鼓動你去做。使你一刻也不想停止。一直要做出改變好的成績來才罷手。當然改革、變動，就一定會有破耗產生，除舊佈新也一定要有割捨的情懷，會有痛苦產生，但你是勇者無懼的。旁邊的人也會應和你，因此你這種改善和打拚會有好的成果產生。

但是當破軍和羊、陀、火、鈴、劫空、化忌、文昌、文曲同宮，或相對照時，就不會是這麼好的流運了。

投資煉金術

『破軍、擎羊』運

破軍、擎羊同宮的大運或流年、流月運程中，是爭鬥多、破耗多、弊多於利的。並且擎羊和對宮的天相相照，**形成『刑印』的格局**。

在這個流運中，你周圍的人，忽然變得懦弱、奸詐、陰奉陽違了，是根本無法幫助你了。也許他們只是默默的看著你，袖手旁觀，或看你的笑話，或趁機揩油佔小便宜。而你本身走這個『破軍、擎羊運』時，也會陰險好鬥，或不走正路，也會多傷災及災禍。別人就會在你強的時候陰奉陽違，在你弱的時候，趁機偷襲你、擊敗你。所以這樣的運程要去投資，在外面都不太會遇到好人的。

『破軍、陀羅』運

破軍、陀羅同宮的大運或流年、流月運程，也是爭鬥多的狀況，但爭鬥是暗的，悶聲不響的，或是慢慢的，磨人的，拖拖拉拉、破破爛爛、是非多的，陀羅和對宮的天相也形成『刑印』的格局，但此時你所碰到周遭及外界環境中的人是表示溫和，有些笨，性子慢吞吞的，頭腦不聰明的，做事能力不好的。所以相對的，此運中你的環境不好，周遭又無可用之人能幫忙你，只有讓事情破破爛爛的拖在那裡了。或是也有做，但做的粗糙、醜陋、馬虎。得不到真的、好的利益。

『破軍、火星』運或『破軍、鈴星』運

破軍和火星或鈴星同宮時，也代表爭鬥很凶，破耗快速，不能算是好的運程。而且火、鈴和對宮的天相也形成『刑福』的格局，故在你周遭環境中的人，也不是那麼溫和，好相處了，很可能是一些做事馬虎、粗糙、性急不精細的人常讓你暴跳如雷了。

『破軍、地劫』運或『破軍、天空』運

破軍和一個地劫或天空同宮時，你周遭的爭鬥會減少，但你的打拚能力也會減弱。你周遭的環境形成『劫福』或『福空』的局面，你周遭或外面環境中所遇到的人會是頭腦空空，或是根本不聽你在說什麼，也幫不了你的忙，讓你賺不到錢，享受不到財福。你會花了時間、錢和白出了力而沒有收穫。

當破軍在寅、申宮和一個天空或地劫同宮時，在對宮會有另一個地劫或天空和武相同宮相照，表示你外界的環境中是有錢、有福的環境，他們也很剛直、穩重，但跟你沒有關係，幫不上你的忙。你會因腦子空空、想法不實際而和這些人搭不上線，賺不到他們的錢。

當破軍、地劫、天空在巳、亥宮同宮時，你很窮，破耗多，頭腦又不實際。對宮雖有天相居得地之位相照，但你只是懶惰、灰心，以為

凡事不順，外面的環境雖還不錯，但你本身是覺得沒希望，不值得努力的，所以沒做、沒有打拚、或是打拚了，卻因為不實際而走錯了方向。

『破軍、文昌』運或『破軍、文曲』運

破軍和文昌或文曲同宮，或相照，都是窮困的運程。破軍和文昌、文曲同宮時，是你自己自命清高，心窮。流運遷移宮是天相，外面的環境中是溫和、美好的，但你無法用得著這些人來幫你。你會嫌麻煩或嫌棄別人來管你，拒人於千里之外，所以這是個人思想古怪的問題。

倘若流年是破軍運，對宮有天相、文昌或文曲時，表示你仍會窮困，你周遭及外在環境中都是精明、厲害、會理財、才華好的人，而你自己是大而化之、粗魯、馬虎、心窮的人，你再打拚也比不過別人而窮困。**破軍單星會和化忌同宮或相照，則一定是和文昌化忌或文曲化忌來**

同宮相照的，這也是不但窮困，而且有更多是非、災禍的情形發生。當然首當其衝的，就是錢財的問題了，而且是經由文書、或精明度、計算能力、口才、才華上的錯失而造成的失誤，所導致的窮困。

此外還有**『武曲化忌、破軍』的運程和『廉貞化忌、破軍』的運程**這些都是本身運氣差、周遭環境中的人只是溫和，但可幫助的不多，幾近於無，是非口舌還是很多的。

『化忌』運

只要你走化忌運，不論你走的是太陽化忌、武曲化忌，亦或是廉貞化忌、文昌化忌或文曲化忌的運程，基本上你都是因頭腦不清楚，而惹出的是非災禍，只是是非災禍的內容不同罷了，但最終還是你的頭腦不清，智慧、思想有問題而引起的。**例如：**

『太陽化忌』運

大運、流年逢太陽化忌，就是你在此運中因頭腦不清，故而和男性有是非，並且在事業上有問題、麻煩出現。太陽是『官星』因此是事業有是非麻煩的災禍。

『武曲化忌』運

大運、流年是武曲化忌，就是因在運程中有頭腦不清的事情，導致有錢財上的是非麻煩。也許你是被倒會、倒債，或欠債，或是其他屬於錢財上的問題。也有人在武曲化忌之年因別人倒自己的債，而自己的房子被法院查封，或被銀行拍賣，這些都屬於錢財上的問題。

『廉貞化忌』運

有廉貞化忌在大運或流年之中，也是因為頭腦不清，思慮不周詳，而惹上官司纏身，或有血光之災（包括車禍受傷、開刀等事）。

『文昌化忌』運

有文昌化忌時是因頭腦不清，在計算能力、精明度上出錯，或文書契約上出錯而導致是非災禍及糾紛。

『文曲化忌』運

有文曲化忌，亦是頭腦不清，有說錯話（口才上），及才華上的問題出錯而有是非災禍。

『太陰化忌』運

有太陰化忌，是頭腦不清，有錢財和感情上的是非、糾紛。

『天機化忌』運

有天機化忌時，是頭腦不清，有智力上，或自作聰明而造成的，是非災禍，而且運氣多變，每變一次，是非糾紛更多，更繁碎複雜，糾紛更嚴重。

『貪狼化忌』運

有貪狼化忌是頭腦不清，有人緣關係上的是非糾紛，不和、難開展，也有好運機會上的困頓，不吉，或因好運而遭忌、遭災。

『巨門化忌』運

有巨門化忌時，是頭腦不清，疑神疑鬼，愛狡辯，有口舌是非上的糾紛。並且也會有被扭曲、糾纏不完的麻煩。

『殺、破、狼』運

『殺、破、狼』的大運、流運中，都是人生有重大變化的運氣的，貪狼是好運星，除了貪狼居平或陷落之外，運氣都不錯。

『貪狼居平』運

貪狼居平時，一種是在寅、申宮，對宮有廉貞居廟相照，表示你的運氣平平，外在環境是好爭鬥，多營謀、陰險之人的環境，會做一些暗地裡或有暗盤的事情。相對的，你也會在此運中好爭鬥，好營謀，愛思考，心思較多，只要你習慣了也不會有大礙。

一般人都喜歡自己周圍的人是溫和，比自己笨，又會幫自己賺錢，替自己帶財來的人，不喜歡凶悍好爭、鬼怪，劫自己財的人或給自己帶是非麻煩的人。那除非你八字生的好，就不會有這些麻煩。所以這些麻煩大多還是天生帶來的呢！因為它是在你天生的命盤格式中出現的嘛！想到這裡，你就會認命一點了。

『紫貪』運

另一種是**紫貪同宮**時，貪狼居平，而紫微居旺，此時貪狼有煞性，全靠紫微來撫平。此時好運也較少，全靠紫微星來主高貴、主權力，高高在上，製造祥和。所以紫貪同宮時運氣不壞，但好運並不多，只是平順而已。**在紫貪運中，你外界的環境是空宮**，代表外界環境中運氣空茫。你活在自己的世界中，看不到外界環境中有何好運氣，倘若紫貪相照的宮中有火星或鈴星，會形成『火貪格』、『鈴貪格』有暴發運。但是在你外界的環境中的人是急匆匆、火爆的、快速的、衝來衝去的。不穩定的、爭鬥凶的。但這種爭鬥常會為你擦出好運的火花的，雖然環境中的人性格有些古怪，也會凶悍，沒理性，但很可能為你帶財來，因此你是不計較的。如此的大運或流年最適合對外投資了，很可能會賺上一大筆意外之財的錢進來。

『紫殺』運

大運、流年是紫殺，對宮是天府居得地之位，表示你此運平順、祥和、忙碌，比平常愛打拚，外界環境像一個小財庫，周圍盡是溫和、一板一眼、小氣很會理財和存錢的人，你受了他們的影響也會存到錢，境遇不錯。

『紫破』運

大運、流年是紫破時，在丑宮對宮是天相居得地。在未宮，對宮是天相居廟。表示你在此運是吉祥、順利、愛打拚、開拓機會，但也會破耗多，自以為是在做優良投資的。而你外面環境中的人是溫和、會做事、會理財，小心翼翼的老好人形象的人。會替你料理善後，所以你更放心打拚及破耗了。你要花的錢都是買高級、精緻、好的東西，價錢也一流、很貴。你花錢花得很爽，並不擔心以後欠下的鉅帳。流運在丑宮時比運在未宮的人，更會破耗。

『紫相』運

大運、流年是紫相時，對宮是破軍居旺，表示在此運中你是外表溫和、氣派、祥和、有點嘮叨，會做事、做人、不想與人有衝突，只想努力做好事的人。你外面的環境中都是些勇猛、強勢的、言行大膽、狂妄的爛人，常會出斃腳，留下一堆爛攤子讓你收拾，你雖有時覺得厭煩，但仍能平心靜氣，默默的承受和擺平。

『紫府』運

大運、流年是紫府時，對宮是七殺居廟，表示你正走在平順、祥和、富足也能存一些錢的運程上。你內心是小氣、保守的，小心翼翼，護財謹慎的。你外面的環境是凶悍，頭腦頑固、蠻幹、不會轉彎的人，他們對人也不友善，很衝，很直接，你自己很高高在上，很自足、很自以為是，並不在乎外界人態度不好。紫府運是保守的運程，不見得會投資。就算投資也非常小。

『紫微』運

大運、流年是紫微時，對宮是貪狼居旺，表示你在此運中非常祥和、順利、高尚、品行好、生活順利，使人敬重，位置愈做愈高，會升官，有名聲。你外面的環境是好運無限，此運中外面環境中的人也都是好運的人，與你是表面有很好的關係，很友好，但是關係、感情是淡薄的，少溝通、少聯絡的，保持一定距離的。投資是好時機，但你要表明需要幫助別人才會幫忙你。

『天機居廟』運

大運、流年是天機居廟時，在子、午宮，**對宮是巨門居旺**，表示此運中你有很好的機緣變化，你非常聰明，能應變，外界環境中有許多是非、爭鬥。你會利用這些是非爭鬥而找到自己的利益。此運，你外界環境中的人，口才好、會吵架，但你也不弱，有聰明應付得當。

『天機居平』運

大運、流年是天機居平時，在巳、亥宮，對宮是太陰星。天機在巳宮，對宮的太陰居廟，表示你的聰明度不高，但是會運用柔情、溫情攻勢、撒嬌的方式得到別人的關心和疼愛，也得到錢財、利益。天機在亥，對宮的太陰居陷，表示你的聰明度不高，有小聰明及鬼怪的聰明，你外界環境中的人是不算柔和，敏感度不高，對人較寡情的人，自然你能得到的柔情少，金錢利益也少了。你外界環境中的人較窮，態度也較惡劣。

『天機陷落』運

大運、流年是天機陷落時在丑、未宮，對宮是天梁居旺，表示你此運中是頭腦笨、不聰明，但又會耍小聰明的人，會自誤。機緣也不好，凡事會愈變愈壞，以不變為好。此運外界環境中的人是智謀高，能為你解難排紛的貴人，也會照顧你、幫助你。但一定是在你遇到大難時才會出手幫忙。平常他們是袖手旁觀的。

『機陰』運

大運、流年是機陰時，對宮是空宮，表示你在此運中變化多，會有環境上和職位上、工作上的變化，也可能會搬家。因外界的環境有不確定的狀況。在寅宮，你很勞碌奔波，仍然賺得到不少的錢財。在申宮，賺錢少而勞碌奔忙。在你周圍外界環境中的人，都是腦子空空，沒有你聰明的人。此運中，你最喜歡移民或投資，這也是人生變動的時機。

『機梁』運

大運、流年是機梁時，對宮也是空宮，表示你在此運中有小聰明，多主意，得財不多，宜幫別人賺錢、出主意，才會平順。此運你也喜管閒事、話多，但不喜負責任。此運外界環境中的人，是頭腦空空，運氣不佳的人，正等著你來幫忙出主意呢！此運投資，不算順利。

『機巨』運

大運、流年是機巨時，對宮是空宮，表示你在此運中是非常聰明，口才好、好辯，也具有專業知識，會追求學問，能掌握變動機運的人。你會運用口才和多變的環境及爭鬥多的環境來改變自己的境況。此運中你外界環境中的人是沒你聰明、沒你機智、頭腦空空，但好鬥的人。你會掌握到好機會翻身成功。

『太陽子、午』運

大運、流年是太陽在子、午宮，對宮是天梁居廟。**太陽在子宮時**，你是運氣晦暗，但外界環境中有貴人相助的運氣。你比較悶，不開朗，也不想與外界多接觸，機運不佳。**太陽在午宮**，你是運氣好，心情開朗、愉快，更能得到外界環境中的貴人相助的人，你們在外界環境中多貴人，會帶給你名聲、升官等好運，在錢財方面則較少。運程在『太陽居午』宮時較能移民、投資。

『太陽辰、戌』運

大運、流年是太陽在辰、戌宮，對宮是太陰星。**太陽在辰宮時**，對宮的太陰是居旺的。表示你是運氣好，外界環境中的人也是溫柔多情的待你，給你帶財來，對你無微不至，因此適合投資。**太陽在戌宮居陷**，對宮的太陰也居陷，表示你運氣不好，凡事不能有進展，外界環境中的人也是財少較窮，又不溫柔、情份少的人，對你較冷淡，你和男人、女人皆不和，也賺不到錢。此運不適合投資。

『太陽巳、亥』運

大運、流年是太陽在巳、亥宮，對宮是巨門居旺。太陽在巳宮

時，表示你的運氣好，有官運，外界環境是爭鬥多、是非多的，變化也大，但你可壓制、擺平這些口才好的人。**太陽在亥宮**，表示你的運氣差、沒官運，你也無法擺平外界環境中的是非、爭鬥，及那些口才好，會侵害你利益的人，你會一直退讓，煩惱多。因此流運為『太陽在巳宮』時，投資才會有好機運。

『陽梁』運

大運、流年是陽梁時，對宮是空宮，**在卯宮時**，表示你是運氣好，心地寬容，有責任感，會升官，做領導、主管階層，有貴人運，也會做別人的貴人，能得到照顧也能照顧別人的人。此時你外界、環境中的人是頭腦空空，沒有你強勢，成就不如你的人。你有奮發的力量，會突破難關的去投資。**在酉宮**，你的運氣較差，成就不好，貴人運也較弱，你也不太會去照顧別人。此運中你較懶惰，無奮發力，你外界的環境中的人，也是成就不高，頭腦空空，對你無助益的人。此運你不會投資。

『陽巨』運

大運、流年是陽巨時，對宮是空宮，**在寅宮**，你的運氣還不錯，但口舌是非多，爭鬥多，愛說話，你會惹了事、出了差錯，再去道歉。有些反覆無常，但心地是寬容，無太大心機和大腦的。你外界的環境中是比你更無腦的人，你們一起胡攪蠻纏一通。**在申宮**，你的運氣差一點，是非、口舌、災禍仍多，你外界的環境中的人也是腦袋空空，和你一起胡攪蠻纏的人。你們會一時興起，跟隨別人去投資，但前途不定。

『日月』運

大運、流年是日月時，在丑宮，表示此運中你心情起伏大，官運不行，但賺錢不少，你會用檯面下的智慧來辦事。你對人也會寬宏有情義。此運你外面環境中的人是頭腦空空，對你只有錢財有益，在其他方面無幫助的人。**在未宮**，此運中你的官運略好，但財運不行，會較窮，你非常陽剛，對人少溫情。你外面環境中的人是頭腦空空，少根筋、情緒起伏大，較窮的人。此運你在移民、投資問題上會反覆、拿不定主意、傷腦筋。

『武曲』運

大運、流年是武曲居廟時，對宮是貪狼居廟，表示此運中你很剛直、富有，會賺很多錢，你外面的機會多，人緣好，也會有突發的好運，發大財。此運你外界環境中的人是都具有好運的人，也能給你創造好運機會的人。但他們是表面看起來對你很好，實際和你保持一定的距離，不太與你溝通的人。你們只有在有共同利益時連成一氣，一同打拚賺錢。此運你會東跑西跑的去投資，你不會去坐移民監、被困住。

『武貪』運

大運、流年是武貪時，對宮是空宮，此運中你自己是性格強悍，錢財及好運都十分強的人，外面環境中的人是頭腦空空，機會運氣沒你好的人。此運你也是東奔西跑、忙碌的人，也不喜被困住，因此投資的事情你跑得快、做的快。要待在那裡長期不能動的問題，你不會碰觸。

『空宮武貪』運

大運、流年是空宮，對宮是武貪的人，此運中你自己是運氣空茫、不強，但周遭及外界環境中的人是強悍、運氣好，財多，有暴發運的人。你會順應周遭人的運氣而變化，來得到好運和錢財。因此你會跟隨別人去投資。

『武殺』運

大運、流年是武殺時，對宮是天府，此運是『因財被劫』的格式，表示此運中你會很辛苦，賺錢少，但外界環境中的人是溫和、財多、老實、小氣、愛存錢、保守的人，因此你也賺得辛苦，比不上他們。**武殺在卯宮時**，還是比在酉宮當運的人賺錢多。此運你在投資上較辛苦、不適合。

『武破』運

大運、流年是武破時，對宮是天相居得地之位。表示此運中也是『因財被劫』。你會較窮，賺錢少，又花錢多，沒有留存。此運你外界環境中的人是溫和、有小康局面，小有理財能力的老好人，你能向他們徵求協助的力量也有限。此運你投資不會順利。

『武府』運

大運、流年是武府時，對宮是七殺居旺，表示你此運中財多，非常有錢。外界環境中是頭腦不靈光，但會埋頭苦幹、蠻幹、流血、流汗、做事踏實的人，他們也會凶悍、頑固、智慧不高，但會為你做事，只要利益公平、平等，便相安無事。此運去投資份外辛苦。

『天同』運

大運、流年是天同居廟，對宮是天梁陷落，表示此運是平和、吉祥、無事發生，可享福的好運的，你也會心情較懶，放輕鬆，做些愛玩的事。外面環境中的人是智慧不高，能力不強，也不太愛管事，也不喜愛人管，成就不高，貴人運不好的人。此運你不會去投資。

『天同卯、酉』運

大運、流年是天同居平在卯、酉宮，對宮是太陰星。**在卯宮**此運中你是溫和、較懶、愛玩、能力不強、不喜打拚的運程。在你外界環境中的人是溫柔多情，對你好，會給你錢賺，照顧你的人。**在酉宮**，你依然愛玩、懶惰、不努力，但外界環境中的人是財少，又不對你好，也不照顧你，環境經濟狀況比你差的人。此運你也不愛變動、不喜歡移民、投資。

『天同辰、戌』運

大運、流年是天同在辰、戌宮，對宮是巨門陷落，你正在走懶惰、愛玩、是非多的運程，運氣不太好。外面環境中的人，都是頻頻製造災禍的人，也是口舌便佞的小人，讓你很煩亂，心情更墜落。此運你不會去投資。

『同陰』運

大運、流年是同陰時，對宮是空宮，**在子宮**，表示你正走溫和、溫柔多情的好運，財運也順利、富足，生活平順安祥。你外面環境中的人是頭腦空空，能力沒你好的人。**在午宮**，表示你正走惡運、窮運，對人吝嗇小氣，付出感情也少，自己人窮、心窮，生活較困苦。你外界環境中的人，也是頭腦空空和你一樣心窮、財窮的人。流運在子宮時，較適合投資，但你不一定會去做。

『同巨』運

大運、流年是同巨時，表示你已走到是非多，沒有能力改善，懶洋洋，無法提起勁來的衰運。你會有小病或因是非、傳聞而多煩惱。此運中錢財也不順。外界環境中是頭腦空空，又愛扯是非的無用之人。此

投資煉金術

運你不會去投資。

『同梁』運

大運、流年是同梁時，對宮是空宮，表示你正走溫和平順、衝勁不足，想做爛好人的運程。**在寅宮**，你仍然有貴人相助，能使一切平順，外界環境中的人是頭腦空空，溫和、沒奮發力的人。**在申宮**，你無貴人，較懶惰，更無用，但會享到福。外界環境中的人，也是頭腦空空，只會享福，會不管他人的人。此運你會跑到想要投資的國家或地方去玩、去看一下，並不真正的去投資。

『廉貞』運

大運、流年是廉貞居廟時，對宮是貪狼居平，表示此運中你是氣勢強悍，很會營謀、智慧高，有計劃，但會慢慢的、暗暗的來做事又喜歡運用交際手腕來做事的人。此時你外面環境中的人，是稍具一點點好運，而好運並不多的人。這些人會表面和你關係好，實際上較冷淡，有事不太會和你溝通，是人情有些淡薄的人。此運你會做出投資的計劃，再逐一實行。

『廉府』運

大運、流年是廉府時，對宮是七殺居廟，表示此運中你非常會交際，應酬多。也是以此來賺錢，能存到錢的時候。此運你的外在環境中的人是強悍、會打拚、蠻幹、頭腦不靈光的人，你們會因彼此在賺錢利益上相同而相互牽扯制衡。此運你會運用人際關係來投資。

『廉殺』運

大運、流年是廉殺時，對宮是天府居廟，表示此運中你是智慧不高，只知蠻幹、打拚、非常辛苦，會有身體不好，健康不佳，有傷災，亦可能會開刀的運程，你脾氣硬、頑固不化。你外界環境中出現的人是一板一眼、精打細算、老實、有錢的人，他們會看到你的認真，給你錢賺。此運你會因為有錢賺、為工作而去投資卻不利。

『廉破』運

大運、流年是廉破時，對宮是天相陷落，表示在此運中你運氣非常破。會破耗、倒閉，有很大的損失。尤其在錢財上、事業上的損失是一敗塗地。你外界環境中也是出現運氣不佳，福氣不好的人，同時他們也是笨而無用的人，根本幫不到你的忙。此運你會因欠債、跑路而出國或躲起來。投資卻不可能。

『廉相』運

大運、流年是廉相時，對宮是破軍居廟，表示你此運是頭腦不聰明、智慧不高，但能溫和、平順而祥和的人。你有好脾氣的耐力，可應付周遭環境中那些行為乖張，常做破爛之事，破耗又多的人。此運你會精打細算的投資。

『天府丑未』運

大運、流年是天府運，在丑、未宮時，對宮是廉殺，表示你此運非常理智、富足、財多、精明、小氣、會理財，有大積蓄。你外界的環境是有許多頭腦笨，但肯苦幹的人，流血、流汗會賣力工作，但也凶悍不講理，你要小心自己被劫財，與自身安全。此運也未必會投資。

『天府卯酉』運

在卯、酉宮時，對宮是武殺，表示你在此運中外界環境中的人是財窮又凶惡會劫你的財的人。**天府在卯宮的運程**，只有小康的富足。**天府在酉宮**的人較有錢。此運中你們都是一板一眼、老實、小氣、愛財、會做事的人。此運你不見得會投資。

『天府巳亥』運

在巳、亥宮時，對宮是紫殺，表示此運中你只有小康狀態，有衣食之祿的富足，你外界環境中的人是外表氣派、嚴肅、較強勢、凶悍，會高高在上，有權力的人，他們對你較凶，較冷淡。此運你很會賺錢而打拚、為工作而投資。

『太陰卯酉』運

大運、流年是太陰星，在卯、酉宮，對宮是天同居平。**太陰在卯宮居陷時**，表示此運你較窮，人緣他不佳，和女人多不合。你外界環境中的人是溫和、無用、較懶的人。此運你無錢去投資。**在酉宮太陰居旺時**，表示此運你較富足、多財，也重視感情，是溫情主義的人，和女性也特別感情好。此運你周遭環境中的人是溫和、不積極，愛玩樂享福的人。此運你很富足，不見得想去投資。

『太陰巳亥』運

在巳、亥宮，對宮是天機居平。表示你外界環境中的人皆是沒大聰明，只有小聰明，愛搞怪的人，環境不算好。**太陰在巳宮時**，你是財窮、心窮，運氣不好，又和女人和財有仇的人，外界環境中的人多鬼怪，麻煩多。太陰在亥宮時，你是富足、有積蓄、愛買房子，想增加房地產，對人也溫情有義的人，並且和女性、錢財特別有緣。雖然外界環境中多鬼怪，有小聰明的人，你有辦法以柔克剛，制服他的。流運太陰在亥宮的人，會因買了美麗、精緻的房子而移民。

『太陰辰戌』運

在辰、戌宮，對宮是太陽星。**在辰宮**，本運太陰落陷，對宮的太陽也落陷，是『日月反背』的格局，你的運不好，較窮困，對人感情淡薄，人緣不佳。你外界的環境是晦暗不明的，周遭環境中的人大多是運不好，較內向，沈悶，不開朗的人。因此你不會去投資。**太陰在戌宮居旺**，對宮的太陽也居旺，是『日月皆明』的格局。表示你是財多、富足、溫情、有義的人，並且和女性、男性都人緣好，也能以此人緣關係來得財。你周遭環境中的人，是開朗、博愛、寬宏、運氣好的人，會對你幫助很大。你會因前途大好而投資。

『貪狼辰戌』運

大運、流年是貪狼星時，在辰、戌宮，對宮是武曲，表示你本身是非常好運的人，而且此運有極大的暴發運，會發大財。在你周遭環境中的人大多是有財、富有之人，或是政治高階的人。因此你的機會多又好，很容易成功。此運你是因為機會太好、太多而去投資。

『貪狼寅申』運

在寅、申宮時，對宮是廉貞居廟，此運中表示你的好運平平，不算太多，你外界環境中是爭鬥激烈，有暗盤，或暗中爭鬥、陰險、狡詐、營謀多的人。此運你是有計劃的去執行而投資的。

『廉貪』運

大運、流年是廉貪運時，對宮是空宮，表示此運你非常倒霉，人緣差，人見人厭，好運機會全沒，你會懦弱、頭腦不清，專想一些旁門左道的事來解決不順，卻愈搞愈慘。你外面環境中空無一物，也出現頭腦空空，腦袋不清楚又運不好的人，使你更遭災。此運你是因為犯案或欠債、跑路而移居的。

『巨門子午』運

大運、流年是巨門運時，在子、午宮，對宮是天機居廟。表示此運中是非多，又有災禍，但你口才好，有應變能力，能化險為夷。你外界的環境中的人都是聰明、機智，善於變化運氣，改善環境的人。因此你有機會借他們之力來避災。此運是因為外界環境的轉變而讓你遷動的。會投資也是被人搧動的。

『巨門辰戌』運

在辰、戌宮，對宮是天同居平。表示此運中你的運氣壞，是非糾紛糾纏不斷，使你不能喘息。你外面環境中的人是溫和、無用之人，只會玩，不會做正事，幫不了你。

『巨門巳亥』運

在巳、亥宮，對宮是太陽星。在巳宮，對宮的太陽居陷，是『日月反背』。表示你在此運中多是非、爭鬥，而外面的環境晦暗不明，運不好。外面環境中的人是內向、運不好、悶悶的、不開朗、能力不好的人。此運不適合投資。你會背井離鄉是為了找飯吃。

在亥宮，對宮相照的太陽居旺，表示你在此運中是非、爭鬥雖多，但外界環境中運氣好，仍多是非，但希望無窮，有升官之機會，錢財小康。外面環境中的人是開朗、寬宏、爽直、正派的好人。也會帶給你好運的人。此運你會出外投資，因希望在外面。

『天相丑未』運

大運、流年是天相運，在丑、未宮，對宮是紫破，表示你此運平順、祥和，理財能力好，做事能力好，有財福。外界環境中的人是外表氣派、體面，但內心奸詐之人，也會使你破財。他們全盡做一些漂亮事，留下麻煩，不實在的後遺症，讓你幫忙收拾殘局，擦屁股。此運你不太會要投資，也要真正看清楚人才行。

『天相卯酉』運

天相在卯、酉宮，對宮是廉破，表示你此運很衰運，勞碌而困窘。狀況不佳。你外面環境中的人，都是頭腦笨、不聰明、又強悍、粗暴、厚顏無恥的爛人，他們吃定你了，會對你吃乾抹淨而不放手，更會做一堆爛事讓你收爛攤子，痛苦不堪。此運你會遭災，不適合投資。

『天相巳亥』運

天相在巳、亥宮，對宮是武破，表示你有小康境界，外界環境中都是比你窮的人。他們爭財的凶，對你很沒好處，會劫你的財和耗弱你的財，也會有非善類者，要小心。此運你不會去投資。

『天梁子午』運

大運、流年是天梁星，在子、午宮，對宮有太陽。**在子宮時**，對宮的太陽居旺，表示此運你運氣好、智謀高、錢財普通，但外面環境中希望無窮，運氣特佳，有升官、名聲響亮的機會，貴人運也好。外面環境中的人是心地光明磊落、寬宏，會大公無私、會做事成就高的人，也會是無私的幫助你的人。此運是適合投資，但你不一定會去做。

在午宮，對宮的太陽居陷，表示此運你雖有貴人運，本身運氣不錯，但是外面環境較晦暗，環境中的人是內向、內斂、寬宏、做事能力比你差，成就沒你高的人，也是不一定會幫你忙，會與你有爭鬥的人。此運不適合移民、投資。

『天梁丑未』運

在丑、未宮，對宮有天機陷落時，表示你本身智謀高，能有高智慧和善心，但外界環境不好，外界環境中的人都是有小聰明、愛搞怪的小人。

『天梁巳亥』運

在巳、亥宮，對宮有天同居廟時，表示你本身的智慧和運氣皆不好，又缺乏貴人運，你很懶，沒奮發力，成就不高，你外界的環境中的人是溫順、懶惰、愛享福、不積極的人，也不太會伸手幫你忙。你根本不會去投資。

『七殺子午』運

大運、流年是七殺時，在子、午宮，對宮是武府，表示在此運中你本身愛打拚，會埋頭苦幹，賺錢很多。你外在環境中的人是富足多金的有錢人。他們性格剛直、小氣吝嗇、講信用，只要你合他們的需要，便會給你錢賺。但發現你是虛實不真的人，便會離你而去。此運你最喜愛去投資了。

『七殺寅申』運

在寅、申宮，對宮是紫府，表示你在此運中是奮發努力，愛打拚，有苦幹精神，頭腦不靈光，但能勤能捕拙的人。你的外界環境十分高貴、富有。你也會在高層及多金富足的環境中生活，享受好待遇。你外界環境中的人都是地位高、有權勢、地位及財富多的富人。此運若去投資，會得到當地高層人士的助力而成功了。

『七殺辰戌』運

在辰、戌宮，對宮是廉府，表示此運中你是埋頭苦幹，頭腦雖不太好，但願付出勞力、心力的人。你外界環境中的人是喜用交際應酬來拉關係的人，他們也是頭腦不聰明，但十分有錢，又會理財、存錢、精打細算，稍富且小氣之人。此運你會用人際關係的力量而投資成功。

『破軍子午』運

大運、流年是破軍，在子、午宮，對宮是廉相，表示在此運中你十分想開拓天地，奮勇善戰，但會有破耗、花錢凶，也會做事馬虎，有思慮不周全的問題，也會有血光、傷災的破耗。你外面的環境中的人是溫和、不聰明，但會做事，有理財能力，會幫忙你收拾善後的人。此運你在投資中會遇到好人。

『破軍寅申』運

在寅、申宮，對宮是武相，表示你此年破耗多，有中等的打拚能力，也會做事不周全。有傷災、破耗。外界環境中的人是有點剛直、嚕嗦，錢財小康、平順，但稍會賺錢，會做事的人，也會幫你料理財務的爛攤子的人。此運你不一定想要投資，會有些懶。

『破軍辰戌』運

在辰、戌宮，對宮是紫相，表示你此年破耗多，打拚能力強，周遭環境地位高，很平和。外界環境中的人是長相氣派、體面、脾氣好，但很自負，做事能力好，能以高質量的幫助給你的人。此運你喜愛去投資。但未必會遷移居住。

『祿存』運

大運、流年是祿存星時，要看對宮是什麼星，才能定出你外界環境中會遇到什麼人。基本上，人走祿存運都會保守、小氣、人緣不佳，機會不多，只是守著現成的機會，現成的環境，不喜改變的。因此祿存運所得的財不會太多，但你會小心翼翼的留存起來。你更怕別人來劫財、相借，會很煩惱。此運你不會去投資。

『擎羊』運

大運、流年是擎羊運時，你都會煩惱多、不順，有傷災、病災、破耗。擎羊居廟時，你會強悍、凶猛、多智謀，好競爭、爭鬥，人緣不算好，人家會怕你，因此影響你的財運。擎羊居陷時，你破敗更凶，情緒不佳，多疑、善妒、陰險、遭災更凶。你外界的環境中的人需看對宮是何星而定。此運你會對投資的事情很煩惱，拿不定主意，做下去也不很順利。

『陀羅』運

大運、流年是陀羅運時，你會煩惱放心中，有自我折磨的現象，多是非，頭腦笨，心悶、話少、內心頑固、凶悍，人緣不好，做事拖拖拉拉，耗財、遭傷，凡事不順。你外界環境中的人，需看對宮是何星而定。此運你不太會動，會頑固、拖延。

『火星、鈴星』運

大運、流年是火星或鈴星時，你脾氣壞、急躁、易出災禍、車禍、好爭鬥、做事馬虎、人緣不算好。鈴星運比火星運聰明，但古怪，不行正格。你外界環境中的人，需看對宮是何星而定。此運你會下決定快，但投資的成績，不見得理想。

『地劫、天空』運

大運、流年是地劫或天空獨坐時，表示此運，運氣空茫，亦會進財少，或被劫財。主要是機運少，錢財也不易留住。你外界環境中的人要看對宮是何星而定。**若是紫貪**，則表示你外界環境中的人是位高權重、長相氣派、美麗、高雅，但對你有距離、冷淡的人。但有事求他，機會、好處也還是會給你的，只是有距離罷了。

『空宮陽梁』運

對宮是陽梁居廟時，表示你外界環境中的人是寬宏、正派、位高、運氣好的人，會照顧你的人。但你仍不太會去投資。

『空宮機巨』運

對宮是機巨時，表示你外界的環境多變、多是非。也表示你外界環境中的人是聰明、知識水準高，多是非，口才好，你不見得說得過他的人。

『空宮機梁』運

對宮是機梁，表示你外界環境中的人，是有小聰明，愛出主意，不負責任，對你只有精神上的支持，沒有實質利益幫助的人。

『空宮機陰』運

對宮是機陰時，對宮是機陰**在寅宮**，表示你外在環境中的人是聰明，人緣好，生活富足，但善變、情緒不穩的人。對宮是機陰**在申宮**，表示你外在環境中的人是聰明，人緣不佳，生活較窮困、善變、情緒常不佳的人。

『空宮同陰』運

對宮是同陰時，對宮的同陰**在子宮**，表示你外在環境中的人是溫和、美麗、重情份，也富足的人。對宮是同陰**在午宮**，表示你外在環境較窮，外在環境中的人是溫和、懦弱、窮困，對你感情趨淡的人。

『空宮武貪』運

對宮是武貪時，表示在你外界環境中的人，是富足、好運多，但強悍，對你冷淡，又小氣吝嗇的人。

『空宮日月』運

對宮是日月時，在丑宮，表示你外在的環境中的人，是女人對你最好，也是生活尚富裕，但運氣、事業不算很順利的人。**在未宮**，表示你外在環境中，男性對你較好，但他們是較窮不富裕，事業、運氣還可以的人。

『空宮陽巨』運

對宮是陽巨時，在寅宮，表示你外在的環境是男性及陽剛的人對你好，但周遭是非口舌多、爭鬥多，對你幫助無多的人。**在申宮**表示你外在的環境中，任何人都對你很平常，無好壞之分，也不太會幫助你。他們是非多，常騷擾及你。

『空宮同巨』運

對宮是同巨時，表示在你外界周遭環境中都是溫和、懦弱、無用、多是非之人，對你無益、無幫助。

『空宮同梁』運

對宮是同梁時，**在寅宮**，表示外界環境中的人是溫和，稍能幫助你，做你的貴人的人，但他們的能力不算很強。**在申宮**，表示你外界環境中的人是溫和、無用，也不會幫助你，能力不強，是愛享福的人。

凡是大運、流年逢空宮，或有空、劫入內，皆是運氣不算好，為弱運的時候，去移民或投資，都會有不順利、耗財之事，因此不宜。

大運、流年若是逢空宮運，在寅宮或申宮時，寅、申宮又進入天空星或地劫星，則必是本運和對宮都有天空和地劫相對照的狀況，倘若逢到此運，就是其人心窮、人也窮的狀況了。表示在此運中你會因頭腦空空，或有特別的想法而不實際，因此在你周圍或外界環境中看不到財，故而也賺不到太多的錢，且有耗財成空的情形。錢會不夠用及借出去的錢財要不回來。倘若大運、流年在寅、申宮，有吉星、財星、祿星和天空或是地劫同宮，（也就是卯時、酉時生的人），是『祿逢沖破』，對宮會有另一個天空、地劫來相對照，狀況和前者一樣，都是因本身思想不實際的關係而賺錢少了。你周圍、外界環境中的人也都不得力，幫不了你。這也表示你本身生活還不錯，但想法不實在，也看不到周遭環境中的財，因此賺錢變少了。

『劫空』運

當大運、流年逢巳年或亥年，有地劫、天空同宮時，無論是否還有其他的星同宮，皆是萬事不成，整個大運或流年都是白忙一場，根本無收穫的。**例如紫殺、天空、地劫四星同宮，**在巳宮或亥宮的大運、流年所代表的意義是表面看起來很忙碌、打拚、積極，也祥和、順利，實際上你是忙來忙去，做事沒有重心，或是因諸多原因，最後是一無所獲，沒有成果的。此時對宮是天府居得地之位，表示你外在環境中是溫和、平靜的，稍有財的。外在環境中的人是溫和，有一點能力，小康，稍為會理財的老實人型式的人。因此整個說起來，你還是在環境中太溫和，自己會常因想法觀念保守的關係，心懶而放棄，因此搞得最後一無所獲。

『天府、劫空』運

倘若大運、流年是天府、地劫、天空，對宮有紫殺相照時，則表示你在此運程中是表面看起來非常忙碌，也富足，狀況不錯，但實際是一無所獲或所得不多的。希望和錢財常會落空，根本無錢入庫的。而外界環境中的人是看起來高貴、體面、能幹，有衝勁，肯打拚，但實際上對你是冷淡、強悍，有距離和不算很良善的，幫助不大的。此運中你也不想太計較，得過且過。故錢財不多，也存不住。

『天相、劫空』運

大運、流年是天相、天空、地劫，對宮有武破相照時，你在此運中是勞碌、享不到福，也享不到財福，你會有些忙，又有些心懶，又不想太忙，心情很矛盾、猶豫，不知道該不該去努力？因此時間就耗費掉了，一無所成。此年想找對象，也找不到，也不會結婚。此運你外面環境中的人會是窮困的人，麻煩很多的人，破破爛爛、運氣不好，程度不佳的人。他們幫不了你的忙，你也看不上他的。此運你是頭腦想法不實際，或有清高，不同於凡俗的想法，而做不成事情。另一方面也是打拚能力，智慧能力不足所造成的。

『武破、劫空』運

大運、流年是武破、地劫、天空，對宮有天相相照時，表示你在此運中人窮、心窮，專做對自己不利的事或決定，因此只有破耗，不吉，而無絲毫利益可言。此運你可能想出家或避世獨居，不想和人來往，人際關係也很差。你外面環境中的人是溫和、善體諒你，會為你收拾爛攤子的好人。因此是你自己命窮，才造成的不順和空無世界。小心傷災，以防性命不保。此運若是你本命的福德宮，要小心有精神病發作的問題，以及突發傷災成為植物人及腦部受傷的問題。

『天同、劫空』運

大運、流年是天同、天空、地劫在巳、亥宮，對宮是天梁落陷的人，表示你在此運中是『劫福』、『福空』的運程，在外也無貴人幫忙，生活辛苦，亦會有災，奔波無著。**若是丙、戊年生的人，會有『半空折翅』的格局，**會有劫殺事件遭受傷害而生命不保、短命。發生事故的時間，就在巳、亥時。此運你外面環境中的人是自顧不暇，對別人冷淡，也不想多管閒事的人。因此你根本碰不到貴人幫忙而命運坎坷遭災。

『天梁、劫空』運

大運是天梁陷落、地劫、天空在巳、亥宮，對宮是天同居廟的人，在此運中你雖運不好，易遭災，有劫難，但若出外反而好，外界環境中有福星貴人會幫你的忙，只要你肯求救，尋找支援就會有救。但你不一定會找人幫忙，因為你還是心窮、人窮，頭腦空空，又懶惰的人。所以會不會遭災很嚴重，完全看你當時流月、流日、流時所走的運程是什麼運而定了。『當月、當日、當時』好的人，則不會太嚴重，會得救。當月、當日、當時（時辰）不佳，又逢惡運、煞運的人，也有性命不保之虞，要小心。

『太陽、劫空』運

大運、流年是太陽、地劫、天空時在巳、亥宮，對宮有巨門相照時，在巳宮，太陽居旺，表示在此運中你表面運氣很好，但會腦袋空空，或凡事有放棄、退縮的思想、打拚、積極的力量不足，很不實際，故而會什麼都做不成，絲毫無成果可言。此時你外界的環境中多半是口才好、是非多，嘮叨你的人，讓你很煩。在亥宮，太陽居陷，又有劫空，表示在此運中你是運氣晦暗不佳，頭腦空空，沒有智慧，又沒有能力的人，也不想打拚，而此運你外面環境中多是非、爭鬥，也讓你煩。外界環境中的人盡是口才銳利，是非多，會給你帶災禍來的人。

『巨門、劫空』運

大運、流年是巨門、地劫、天空在巳、亥宮，對宮是太陽相照時，在巳宮，表示你外界的環境是晦暗，運氣不佳，而你又逢是非爭鬥多的運氣，常一發生爭鬥、爭吵就使你什麼也得不到了。非常的慘。在亥宮，表示你外界的環境還不錯，但你自己頭腦空空，害怕是非、爭鬥，自己口才也不好，吵架亦抓不住重點。你外界環境中的人對你很寬容，但你自己是非、麻煩多，根本不想打拚，而且你自己容易碰到吵吵鬧鬧的事，把好運都吵掉了，什麼也做不成，錢也賺不到，會較窮。

『天機、劫空』運

大運、流年是天機居平、地劫、天空在巳、亥宮，對宮是太陰時，在巳宮，對宮相照的太陰居廟，表示你會有小聰明，但想法怪異，扭天別地，又常自做聰明，其實是頭腦空空，少用大腦，思慮不周全，不實在的。而此運，外面環境中的人是多情義，能溫柔體諒你的，環境中還有財，但你是根本享受不到，賺不到的，只是別人對你好，你也不接受的，所以這是你自己的問題所造成的一事無成。在亥宮，對宮的太陰居陷時，你是有小聰明，但並無應用，仍是頭腦空空，又有怪想法，不實在、不周全的，而外面環境中的人也較窮，對你不好，也不溫柔體諒你，所以你只是自己人窮、心窮，環境也窮，四大皆空的狀況，賺不到錢，也一事不成。

『太陰、劫空』運

大運、流年是太陰、地劫、天空在巳、亥宮，對宮是天機居平。

當此運是**巳宮、巳年時**，太陰居陷，又有空劫，表示財窮又遭劫空，十分窮困沒錢，很可能會失業，沒有工作。只要沒有羊陀相夾，還是可以苟延殘喘的過日子。有羊陀相夾，亦是『半空折翅』，要小心命窮，有性命之憂。此運外界環境中的人是有小聰明，鬼怪，幫不了你的忙的人，也會造成你的損害和煩惱。**在亥宮**，太陰居廟，有空劫時，表示表面上看來可能私底下財多，但實際是虛空，不實在的運程，有錢也存不住，而且從另一方面來看根本無錢。此運外面環境中的人也是有小聰明，鬼怪多，頻頻搞鬼，幫不了你的忙，對你有拖累狀況的人。

由以上這些運程所代表的意義，以及當時在運程中的環境狀況所會遇到的人的情形，你便可看出，那些運程是較好，較能讓你對外發展？那些運程是較能去變動環境的時機了。有些時機是做了也白做。有些時機是做了反而不好，有些時機是不做不行（像破軍運是衝動、愛打拚，易遷動、改革，非做不行的運程）。有些時機是慢慢做，會愈做愈好的時機。因此先搞清楚大運、流年運程的好壞、吉凶，再下決心去做，就較無損失時間、精力，事情成功的機率也會很大，也就不會多走冤枉路了。

大運、流年是否能延續的問題

另外，就是在投資選擇大運好、流年好的運程時，最好也要注意到未來二、三年的好運是否能延續的問題。

倘若今年運好，你去投資了，而未來二、三年都是空宮運或運蹇不順的運程，這也可能剛開始是好的，後來就不行了，愈做愈壞了。倘若你的流年運是一年好、一年壞、一年又好、一年又壞的運程，你在投資時，會有起起伏伏的狀況，要事先有心理準備，要撐得過去，就會愈變愈好。

倘若你目前的十年大運好，要決心投資的流年也好，而下一個十年大運不佳，也要小心下一個大運時會有不順，可能路會愈走愈窄，是否要做幾年就見好就收，以防不測，這都是要考慮的狀況。

當然最好的狀況就是未來連著兩、三個大運皆好，未來連著二、三年的流年也都不錯的年份，這樣打拚事業定會成功，有不錯的成果。

最怕是流年是一年好、一年很壞，一年次好，一年又壞。大運也是一個大運好，一個大運壞，一個大運又好，一個大運又壞，這樣好好壞壞之間，復建的時間不足，壞的時間又來臨了，運氣始終往下沈淪得快，往上竄升的時間慢，這就叫『步數無依』、『水上架屋』的格局，好也好的有限。運差時，翻身很慢，又會拖拖拉拉。凡事你就要小心謹慎，**最好找一個人做『生命共同體』來相互改善，支撐命運**。例如找配偶、家人的運程一起搭配來選擇時機。投資時，找合夥人來共同互補運氣，來選擇時機，以防有不測、不吉。

至於命運中有一個運好，連著二、三年運壞，或命運中大運好的不多的人，最好放棄投資的計劃，只要好好過日子便好了，不要看別人要動、要投資，便跟著學樣，因為每個人的命運都不一樣，別人可貪得到的財，你不一定貪得到，所以每個人最好根據自己的人生經驗來體會自己在那些年好、那些年差？是幾年好、是幾年差、相連的狀況如何？再來做自己人生的規劃，不要一味的往前衝，停一下、看一下、聽一下，會對自己人生前面的路程，拿捏得更準確，那人生圓滿、順利的機會就愈大了。成功的企機也就愈大了。

第四章　投資煉金術第三步
——本命是否受得住財

福德宮看承受壓力的強弱問題

大家都知道在對外投資時，每個人都要面對陌生的環境，會承受無比巨大的壓力。而有打拚能力，能成功的人，卻會有無比的毅力，這也是具有抗壓性特強的承受力的人，才會得到最後成功果實的人。因此具有成功人生格局的人，事實上一定是福德宮較強勢的人才會有的人生格局。

在命理上，通常福德宮太好的人，就是可以享受較舒適生活的人，這種人反而是打拚能力並不強的人。

福德宮可看本命是否受得住財

在命理上以福德宮為閒宮，表示是不太重要的宮位。但是斗數中十二個宮位，掌管了人一生的生命資源和福祿，缺一不行，那裡能說是不重要的宮位呢？而且福德宮還是代表著人內心思想中的想法觀念，由這些先天性的思想脈絡會引導出你做事的方法，繼而你會承受到的結果，這就是你所會享受到的福氣、財祿了。現在我們所談的是有關投資的問題，所以我們專就以福德宮所展現的抗壓性來討論。（福德宮包含的範圍很廣，也包含人的長相、性格內涵、天性的善惡、思想是否偏激，**尤其是財祿承受的多寡**、性情的溫良，以及做人處事的態度等問題）

事實上，**福德宮不佳的人，財福承受能力不好的人**，也不一定就是抗壓性強的人，也不一定是打拚能力好的人。**例如天機陷落坐命丑宮的人**，福德宮是太陰陷落，在命格中只有父母宮和福德宮較好，而命中的財少，工作能力不強，脾氣暴躁，凡事不順的時候多，情緒又陰陽不定、起伏很大，只是父母和朋友讓著他、同情他、照顧他而已，他自己反而是和賺錢得財的事常相抗爭，因此得財不多，能力也不好，抗壓力更是差得很。命宮有天機陷落化忌的人，頭腦不清，好似精神病患者，隨時脾氣發作，人見人怕，也不太會有長期的工作，如何會有成就呢？

福德宮有化忌、劫空

凡是福德宮有化忌或地劫、天空雙星同宮的人，都可能會是精神不正常的人，只是發作時間的早晚問題，一生就報廢了。

福德宮有擎羊

福德宮有擎羊的人，表示其人陰險多智謀。其人的夫妻宮一定有陀羅星，表示其人常煩惱，多憂慮，心中常煩亂，有自困現象而不說出來。一生是勞心勞力的人，同時也是想不出太好的辦法解決事情的人。因為夫妻宮有陀羅，代表內心固執、很笨，像陀螺原地打轉，轉不出來。

倘若福德宮的擎羊是居廟的，你的夫妻宮的陀羅一定居陷，這表示你用勞心勞力的方法，仍能找出解決之道，你的抗壓力不算很好，性格凶悍、強硬，但遲早還是會把事情做成的，只是常煩惱、頭痛、心情不平靜而已。

倘若是**福德宮的擎羊是居陷的**，你的夫妻宮的陀羅一定居廟，這表示你內心的想法是陰險、頑固不化的，自我刑剋更深，使自己也難以得到好處了。你會報復人的力量更強，抗壓力較小，你對人、對事常有不好、不正當、不正派的想法，反而事情做不成，或放棄不想做，有怠惰的狀況，所以想成功會有一定的困難度，然而你依然是勞心勞力，操勞不斷，且憂煩不停的。你在投資的過程中容易半途而廢、不成功。

福德宮為陀羅

福德宮是陀羅的人，你的官祿宮定有擎羊星，這表示你在智慧上有點頑固且笨，因此在事業上受到挫折、刑剋，和爭鬥多的問題，你也會思想慢半拍，官祿宮雖然也是代表人的智慧、智商的宮位，有擎羊時，雖也是智謀多、狡詐多，但終究還是有刑剋不順的情形，表示智慧高而無用，對你真實的人生助益不大，而且事業宮最怕刑財、刑運、刑福、刑官的狀況了。有刑星（擎羊）總是不好的。工作、事業上會有不實際、不順利的狀況。

當福德宮的陀羅居廟時，官祿宮的擎羊一定居陷，表示你特別頑固，有拖拖拉拉的現象，事業上的爭鬥多，很煩亂，你常不想面對它，常以推、拖、拉來找藉口閃躲。**當福德宮的陀羅居陷時**，你官祿宮的擎羊會居廟，表示你會用不好的想法及手段，暗中想辦法來爭鬥別人，你也會用推、拖、拉的手段來嫁禍別人，你在事業上的競爭力反而是強的。雖然你們依然在財福上享受不多，也會有煩惱困心中的問題，但實際上你的思想慢，又愛拖，所以並不像福德宮有擎羊星的人那麼憂愁困苦了。你們有時也會用是非的方法和非法的方式來抵制別人。

福德宮有火星、鈴星

當福德宮有火星、鈴星時，表示你是內在性格急躁的人，但你不一定很聰明，要看同宮或對宮的星是什麼，才能定出你的智商高低出來。倘若是火星、鈴星獨坐居廟時（在寅、午、戌宮）也要看你財帛宮的星是什麼，而來定你的財福收入，基本上你是煩躁不堪、性急，沒有耐性的人，常因煩躁敗事，你可能會有躁鬱症，或甲狀腺亢進的病症，抗壓力不強，做事不長久，也不適合做長期投資的決定。

倘若**福德宮是火星陷落或鈴星陷落**（在申、子、辰）加吉星的人，你只是脾氣不好，有些粗暴、馬虎，持久力不行而已。倘若福德宮是火星或鈴星陷落獨坐的人，表示你內心急躁、煩亂、是常讓你遭災的人，你內心的想法會不正派，做事粗躁、馬虎，特別不精細，你也會因此而耗財多，也賺不到錢，有虧財福。就算你的『財、富』二宮形成

『火貪格』，你也是起落分明，常在窮困邊緣打轉的人。

福德宮有火星或鈴星和殺星（七殺）、**耗星**（破軍）、**暗星**（巨門）、**刑星**（羊、陀）同宮的人，表示你天性好爭鬥、多是非，得財不易，只宜僧道，修身唸佛。否則本性較凶，又福德不好，逞凶鬥狠，容易早夭，或因煩悶自殺身亡。

所以福德宮不能太好，也不能太差，要剛剛好。有打拚，奮鬥的力量，又要能足夠接受財及具有抗壓力的能力才行。

如何能受得住財

福德宮有殺、破、狼格局居旺的人、天機居旺、武曲居廟、廉貞居廟，都會是有打拚能力，能抗壓的福德宮，當然也最能受得住財！

福德宮是七殺星

福德宮是七殺居廟、居旺的人，你的本命命宮是廉相、紫相、武相的人，你天生喜歡勞碌、工作，會悶著頭苦幹、實幹，也可說是會蠻幹的人。你的堅持力會很長久，因為你們的夫妻宮都有一顆貪狼星，表示你們很貪心，貪求財利和一切美好的事物，慾望不滿足，這也是促使你們奮發向上的原動力。所以你們會向外拓展天地，會去投資，再加上蠻幹、苦幹的精神，較會成功。另一方面你們天性溫和，喜歡講公平、公道，也能常原諒、體諒別人，自己會尋求一種抗壓、減壓的方式，所以你們的打拚力和抗壓力都是一流的，成功也並非偶然的。

福德宮是貪狼星

福德宮是貪狼居廟、居旺的人，你的本命命宮是紫府、廉府、武府的人。你本命財多，內心喜歡破耗、花錢（夫妻宮是破軍），你們天生的觀念中對錢財和美好的事物較貪心，也是慾望常不滿足的人，你們太愛追求財，一定要錢財入你的庫房才甘心，所以你也是愛打拚，愛在周遭環境中努不懈的人，（遷移宮是七殺），故你們也是為達目的，能吃苦耐勞，抗壓性強，故是非常受得住財的人。在投資過程中，是會找對方向去努力而成功的人。

福德宮是破軍星

福德宮是破軍居廟、居旺的人，你的本命是武曲居廟坐命、廉貞居廟坐命、紫微坐命的人，你是一生辛苦，忙碌而不能享福，為十分嚴謹、絲毫沒有輕鬆過的人。你們的夫妻宮是七殺，表示內在性格強硬，自我要求高，願意打拚，努力不懈，有苦幹、實幹的精神的人。你們的遷移宮中有貪狼星，表示外在的機會太好，使你們不捨得放棄，永遠在追尋最好、最佳的那次運氣，也是使你得到大財富和美麗人生的那次大運氣。所以你絲毫不肯放鬆，總是盡心盡力在努力爭取。在投資的過程中，你們也該是最能嘗到成功果實利益的人了。

福德宮是太陽星

福德宮有太陽居旺在辰、巳、午宮的人，你是本命是同梁坐命和天同坐命的人，你本性溫和、性格寬宏，不計較他人是非，對自己也不計較，因此自省能力不足，打拚能力也不見得好，在自我要求不嚴格之下，雖也一生勞碌，成就不算太好。在投資的問題上，也會不積極。

福德宮是天機星

福德宮是天機居廟、旺的人，你是太陽坐命的人，也是本性寬宏，自我要求不算嚴的人，心情容易起伏，雖聰明、智商高，但中年以後奮發力不算強，在投資的問題上，也會不積極，必須要再接再勵才行。

福德宮有武曲星

福德宮是武曲居廟的人，你是七殺坐命寅、申宮的人。本命是『七殺朝斗格』或『七殺仰斗格』，有貴格，本命多富，財多，你的財帛宮是貪狼星，官祿宮是破軍星，一生錢財運氣好，喜歡打拚事業，故在投資的環境中又處處遇貴人相助，環境中的財又多，值得打拚，故你不會放棄任何打拚、賺錢的機會，也較容易成功。

福德宮是廉貞星

福德宮是廉貞居廟的人，你是七殺坐命子、午宮的人。你天性喜歡營謀、好競爭，也具有企劃能力，性情善變，天生勞碌，很會適應環境而改變營謀方略，因此你也是打拚能力強、抗壓力也強的人。況且你的遷移宮是武府，財帛宮是貪狼，貪的就是錢財，自然在投資的過程中，你是一定會朝錢財方向努力打拚，取得大財富的人。

其他福德宮有紫微、天相、天府、天同、天梁的人，尤其這些星愈居廟、居旺的人，是福享得多，而努力較少一點的人。在投資的過程中，反而是這些吉星居陷時，較能有好的奮發力與抗壓力的。

福德宮是紫微在子

福德宮是紫微居平的人，你是七殺坐命戌宮的人，你可能幼年時代便較窮，或父母不全，全靠中年以後的打拚努力才能平順，你會離鄉背井去投資，只要能賺錢，便勇猛不懼了。

福德宮為天相陷落

福德宮是天相落陷的人，你是武貪坐命的人，本命是暴發格，因此你會一生起落大，出外投資對你來說是尋找好運機會，所以你會不落人後的立即投入。要看年運好壞，以定吉凶。

福德宮為天府得地

福德宮是天府居得地之位的人，你的本命是紫破、廉破坐命的人，你們雖喜歡享受物質生活，但其實只有吃穿上不多的享受。你們本性喜歡打拚，又破耗多，因此有投資的機會，會毫不考慮的去進行，你們在本命上亦屬破祖離鄉之輩，更容易踏上對外投資的路途。

福德宮為天同居陷

福德宮是天同居陷的人，例如福德宮是『同陰在午宮』和『同巨在丑、未宮』的人。

福德宮是同陰在午宮的人，你是本命為『空宮有機梁相照』的人，你本命中財少，全靠有貴人相助，只要有人給你錢財賺，他就是你的貴人，他叫你去幫忙做事，你為了賺錢就會去。**福德宮是同巨的人**，你是『太陰坐命巳、亥宮』的人，你一生操勞、是非多，會因人生中某些際遇或某些時段因工作、讀書、賺錢等問題而暫時到某地去投資。你喜歡買房地產，很快的便會穩定下來，便不再動了。

投資煉金術

福德宮為天梁陷落

福德宮是天梁陷落的人，你本命是機巨坐命的人，你是聰明、是非多、口才好，一生中環境多起伏變化的人，命中也貴人少，需要自己打拚，完全靠自己的人。雖然你的錢財上平順，但你喜歡變化，且不怕麻煩，所以你也常會變換環境，有投資的打算，有時也會被迫移居。年運好時會成功。就像老總統蔣中正先生，在人生的後二十五年便移居台灣了。

所以一個人會往外國去投資，有時候不全是內心的想法使然的，有時候也是命運所運行歷程，被時局所逼，或是遭災、遇禍而形成的。命格中有背井離鄉命格的人，就是這種經由命運安排的移民、投資的人生經歷，也不能說是好或不好，我們只能力求圓融福報而已。但是在對外投資能成功、能獲得好的結果，抗壓力和打拚能力、奮鬥能力，都是不二法門的。

投資煉金術

第五章　投資煉金術第四步

——平輩朋友運有多少

平輩朋友運是投資成功的基本條件之一

朋友運是人生之中不可或缺的人力資源和重要的輔助力量。人活在世界上，人緣關係又是生存戰場上無以倫比的利器。而且在到外國投資時的陌生環境中去打拚，能夠讓你有勇氣去奮戰的，很多人都是靠這一項『人緣桃花』的天賦本能在運作而成功的。所以除了你天生所遇到的環境的好壞是人生打拚的利器以外，朋友運也是你另一項重要的利器法寶了。

朋友運好的人，結交朋友很容易，甚至於不遠千里而來幫忙。有**一位移民紐西蘭的朋友告訴我說：**在他們一家剛到紐西蘭的時候，原先落腳在一個朋友家，想在一個月的時間中找房子，買房子來定居。但是當他們到達的第一天，那位朋友的兒子在英國發生事情，於是便匆匆的把鑰匙留下給他們，便飛往英國去了。這位剛移民的一家人很茫然，一時也無法去找房子、搬家。可是就在當晚接到一通電話，有一位太太問他們是不是剛移民到此的？她已聽說了，很熱心的從很遠的地方開車過來看他們，並且給與幫助。接連一星期，每天都來，不但帶吃的，也教他們如何去買東西，找經紀看房子。因此很快的，他們便買了自己的房子。這位移民的朋友一直覺得這是一樁奇遇。那位好心的太太，不但心地善良，溫和有禮，且不求回報，只是國語不太流利，可能是在外國久居之故。此後兩家人都結成很好的朋友，一起幫助剛移民至紐西蘭的人家。我由這位移民朋友的命格中發現了她的僕役宮是太陰居旺、右弼，會得到朋友敏感、貼心的幫助。所以當她有茫然不知所措的時候，就有平輩的女性貴人，溫柔貼心的來相助了。

我曾經在很多本書上提到：左輔、右弼兩顆輔星，是助善也助惡的，與吉星同宮便助善，與惡星、煞星同宮便助惡。**左、右二星當然最好的是與紫微帝座同宮**，可助掌權、有領導能力、有趨吉避凶的力量，以及主貴的力量也最強。若在僕役宮，紫微加左、右同宮都成了閒宮，表示你會在近貴者、主權者的身邊做事或生活。你會侍奉高權位的人，高權位的人也會照顧你。倘若你會去投資，一定也是跟隨大老闆或高權位的人而去的。

僕役宮有殺、破、狼

僕役宮有殺、破、狼格局的人，都是不好的朋友運，即使仍是紫殺、紫破或紫貪，都是不太完美的朋友運。

僕役宮是紫殺

朋友運是紫殺的人，你是同陰在子、午宮坐命的人，表示你的朋友都是地位略高，但對你較凶，不友善的人，而對你冷淡、不得力，不見得會幫你的忙，而是叫你做事的時候比較多，他們是高尚在上，有支使你的狀況。你在出外投資時，與人合作或合夥就較不利，他們不會聽你的意見，而是獨斷獨行，很可能你會吃虧或投資失敗的。

僕役宮是紫破

僕役宮是紫破的人，你是同梁坐命寅、申宮的人，你所交的朋友是外表體面但性格豪放，不善理財、計算的人。很可能是繡花枕頭、公子哥型的人。你若與這些人合作投資，是得不到好處。反而耗財多的。你本身可能也常對別人有非分之想，希望找權貴有力人士來高攀一下，得點好處，實際上都拜託到沒有能力的人，使自己白白破耗了錢財。你會在朋友身上耗費較多的錢財。所以不適合和人合夥或寄望別人的幫助。

僕役宮是紫貪

僕役宮是紫貪的人，你是天同坐命辰、戌宮的人。你的朋友多半是地位高，外表體面，但對你冷淡、不關心，表面油滑，和你溝通不良，又高高在上的人。所以你要靠他們的協助也十分的不可靠了。也不能和人合夥、寄望別人的幫助。

僕役宮是紫府

僕役宮是紫府的人，你是天同坐命卯、酉宮的人，你的朋友都是地位高的有錢人。但他們都十分精明，善於精打細算。一定要彼此有共同的利益相結合，才會相互有幫助。大致上你的朋友對你還十分友善、但小氣。有時候用得到你，也會給你錢賺。基本上你是溫和、不計較的人，也願意為朋友幫忙。所以你和朋友之間多少有些利益相互輸送的關係。倘若你要探訪交遊，朋友會幫忙。倘若和朋友合夥投資，朋友是算得很精的。

僕役宮是紫相

僕役宮是紫相的人，你是天同坐命巳、亥的人，你的朋友都是溫和、地位高，很會做事，品行好，有能力，會理財的人。朋友也會對你盡心盡力的幫忙，非常適合相互合夥、投資事業，會有大發展。但你天性溫和，有些懶惰，你不一定會利用這麼好的人際關係來發展事業。但你無論走到那裡都會遇到好人來幫助你，所以你真是福星坐命的人了。

※但是僕役宮是紫相、擎羊的人，朋友運就很差了，表示有外表長相體面、溫和但內心險惡的朋友，也表示你的朋友會是懦弱、膽怯、自私的人，也要小心被出賣或受其傷害。這就不適合和人合夥、投資了，你很容易被騙或被侵害，要小心。

僕役宮有羊、陀、火、鈴

僕役宮中有羊、陀、火、鈴時都是不好的朋友運，但有程度不同。有擎羊時最凶惡、陰險、爭鬥最凶，你受害最凶。也要看擎羊在廟位、陷位而定，例如擎羊在辰、戌、丑、未宮是居廟的，代表朋友是聰明、陰險，有技倆的爭鬥、非常強悍的，使你爭不過，老是吃虧的。**而擎羊在子、午、卯、酉宮時**，你的朋友是小陰、小險，手段卑劣，心狠手辣，多半是鼠竊宵小之輩，層次很低的，來陷害你的。這兩種層次是不同的。**所以當僕役宮是廉破羊、武殺羊時**，再有流年逢到，多半會有被朋友輩的人綁票、勒贖、殺害的事件，要特別小心。有此僕役宮的人都不適合投資了，以防被殺害、損失。

僕役宮有紫貪羊、機巨羊

僕役宮有紫貪羊、機巨羊的人，日子也不好過。**有紫貪羊時**，代表朋友們常是外表體面、地位高，但卻是內心陰險、惡毒，對你表面圓滑，實際是冷淡，不太搭理你的，要搭理你時，總是內懷鬼胎，心存陰險來利用你，剋害你的。**僕役宮有機巨羊時**，表示你的朋友都是極具高智商，非常聰明、善於爭鬥，也具有高知識水準，陰謀、陽謀皆特別高超的人。因此你自己的頭腦也必須很好，才能鬥得過他們才行。

僕役宮是廉相羊

僕役宮是廉相羊的人，表示你的朋友都是懦弱，膽小怕事，又陰險、較愚笨的人。對你一點用也沒有，反而會拖累你、陷害你，使你遭災。你常容易受到朋友的侵害。女子有此僕役宮容易受到強暴，要小心。有**廉貞化忌、天相、擎羊的人**，更要小心因朋友而起的官非、血光，甚或有死亡之災，要算出流年、流月來，加以預防才行。你不適合投資。

僕役宮有同陰羊

僕役宮有同陰羊的人，在子宮，表示你的朋友是表面溫和、陰柔、霸道、經濟能力還可以，但內心陰惡，不太正派，對你常有不義之行動的人。也會使你耗財、損失的人。**在午宮**，表示你的朋友是表面溫和、懦弱、冷淡、較窮困，時時想些點子來使你損失、遭災的人。這兩種人都要小心，否則你氣不完了。你對朋友會疑神疑鬼，不會去共同投資。

僕役宮為武貪羊

僕役宮是武貪羊時，因擎羊在丑、未宮居廟，故代表你的朋友都是聰明強悍，很會賺錢，運氣很好的人，但是對你冷淡，好處自己得。你根本分不到他們丁點的便宜，只有常吃虧的份。你會跟朋友做小投資，但總是失敗收場。

僕役宮為武府羊

僕役宮是武府羊的人，表示你的朋友是有錢、小氣吝嗇而陰險的小人，他們會常使你在金錢上吃虧，而且性格剛強、慳吝的對待你，使你受不了。你的財力狀況比朋友差很多，根本無法和朋友合夥。在交友過程中也得不到朋友的幫助。要是有幫助也會使你遭殃、遭災。

僕役宮為紫微、擎羊

僕役宮是紫微、擎羊時，在午宮，表示你的朋友是地位高，卻對你陰險、冷淡的人。你也會因貪求利益而攀龍附鳳，但是卻得不到好處和垂青。**在子宮**，表示你朋友的地位、身價都是極普通的人，但他們仍是陰險，會剋害你，對你沒幫助的人，只是虛有其表的樣子有這個朋友。所以你的朋友是似有若無，對你沒用的。他們也不會找你合夥，倘若有這方面的議題，絕對是有問題的，你必須想清楚了才答應，以免受災。

僕役宮是太陽、擎羊

僕役宮是太陽、擎羊的人，在子宮太陽居陷時，你的朋友都是性格悶悶的，內向的，又很陰險、狡詐的人，會對你不利。**在午宮太陽居旺時**，你的朋友是表面爽朗、寬宏，內心多奸計，言行不一，很會演戲的人。你們只維持表面、面子上的友誼，根本不適合去合夥投資。就是到了新環境也要小心表面開朗、熱情的人，私下卻對你做出有害你的名聲、利益方面的事來。

僕役宮有巨門、擎羊

僕役宮是巨門、擎羊在子、午宮的人，因巨門居旺，擎羊居陷，此朋友運仍是口舌、是非、爭鬥多，終無寧日。你不太會交朋友，也易交到有問題，愛吵架、陰險，心思縝密、多鬼怪、心地不正的朋友，會陷害你。所以你會有些怕交朋友了。你不會和人合夥投資。

倘若是**巨門、擎羊在辰、戌宮的人**，同巨門居陷，擎羊居廟，此朋友運是口舌是非特多，朋友很強悍，你的性格較懦弱，處理不好人際關係，你比較愛和家人相處，朋友會對你無義。你不會去投資。

僕役宮是同巨羊

僕役宮是同巨、擎羊的人，同巨俱陷落，擎羊居廟，表示你的朋友都是表面溫和，是非多，對你很強悍，是一種嚕里嚕嗦，又強行要達到目的人，讓你很頭痛。你不給他們好處，他們便不肯罷休，或不理睬你，或散佈謠言來誹謗你。**若是你的僕役宮是同巨，兄弟宮有擎羊相對**

照，也是如此狀況的朋友運。你根本無法在朋友之間佔到便宜和好處的，但是你仍然喜歡去試試看，總是碰壁和受傷。你也不可能倚靠朋友的關係去投資。

僕役宮是貪狼、擎羊

僕役宮是貪狼、擎羊在子、午宮時，貪狼居旺，擎羊居陷。你比較保守，人際關係不好，也不太喜歡交朋友。你的朋友多半是聰明、鬼詐，有自己的好運氣但卻對你冷淡，離得很遠，深怕有人會沾上他似的。同時你也害怕朋友會黏上你，有麻煩。所以你會一切靠自己，而少和人接觸，自然也不會去和人合夥了。

僕役宮是貪狼、擎羊在辰、戌宮的人，貪狼、擎羊皆居廟位，表示你的朋友或部屬皆是聰明、強悍、頭腦好，又有智謀，喜於爭鬥的人，對你是較冷淡，且處處喜用心機和你爭鬥不停。所以你在交友上非常辛苦，也交不到知心的好朋友。這在投資的過程中，是很難獲得援助和公平對待的。因此也增加了在投資時工作事業上的困難度，很難會有好成績。

僕役宮是破軍星

僕役宮是破軍的人，朋友運原本就不好了，會結交三教九流的人，交友不慎重。朋友都是豪爽，會說大話不實在，穿著也不講究、邋遢的人。朋友間的爭鬥也較多。倘若**僕役宮是破軍、擎羊的人**，則要看是在辰、戌宮出現或是在子、午宮出現了。**在辰、戌宮時**，破軍居旺、擎羊也居廟，表示你的朋友是陰險、強悍、好爭鬥，會使你破財，耗損利益的人。他們的性格很強勢、好爭，你根本爭不過他們，只有退讓的份。朋友是對你無益的。**破軍、擎羊在子、午宮為僕役宮時**，破軍居廟、擎羊居陷，表示你的朋友品行不端，陰險盜竊之輩，不但常叛變出賣你，更會陷害你，使你遭災，這種人更不可相信了，而且也會常騙取你的錢財。在投資的過程中你會遭遇很大的損失。

僕役宮是七殺、擎羊

僕役宮是七殺、擎羊在子、午宮的人，七殺居旺、擎羊居陷，朋友是凶惡、劫殺之徒，劫走你的錢財，搶去你的利益，常覺得是天經地義的事，因為他們覺得你很笨，太軟弱。**僕役宮是七殺、擎羊在辰、戌宮的人**，七殺居廟、擎羊也居廟。朋友是強悍、能力智謀都高，打拚能力、奮鬥力皆強的人，他們會表現處處比你強，佔在你的上風，而搶去你的利益，和你爭鬥，毫不留情，你是性格溫和，斯文的人，自然不好意思或根本鬥不過他們而敗下陣來。因此你不適合和人合夥做投資，就算是想要投資，而要自己慢慢摸索，以防受制、被迫而喪失利益和錢財。

僕役宮是天同、擎羊

僕役宮是天同、擎羊在卯、酉宮的人，天同居平、擎羊居陷，你的朋友是表面懦弱、無用，或是有傷殘現象，但心思險惡、陰詐的人。你很看不起這種能力差又小陰小險的人，但他們卻會似螻蟻蛀虫一般，會侵食掉你的某些利益，或耗掉你的財。所以在投資事業過程中，你會遭受這些小人的氣，要小心。

僕役宮是天同、擎羊在辰、戌宮的人，天同居平、擎羊居廟，表示你的朋友是外表溫和，卻頭腦好、計謀多、陰謀多，是外弱內強，外柔內剛的人，他們會扮豬吃老虎，併吞了你的利益，劫走了你的錢財，你還覺得他們好，但最後得知自己實際吃了虧，又氣得要死。所以在投資時，你根本賺不到錢，也無法真正得到幫助。

僕役宮是天機陷落

僕役宮是天機陷落時，表示朋友和部屬皆是有小陰小險的聰明，並不是真聰明。這些人常搞鬼怪，使你內心不爽快，所以你也不會真心去對待朋友和部屬，而內心防他們防得很緊。當**僕役宮是天機陷落和擎羊同宮在丑、未宮時**，表示你那些搞小陰小險的朋友還很凶悍的和你搞鬥爭，使你頭痛和害怕，他們常陷害你，或連成一氣來排斥你，所以你很害怕和朋友來往。在投資的過程中，你是獨來獨往的，根本不想和人聯絡或有任何牽連，以防被害。

※凡是僕役宮有福星（天同、天相）、財星（武曲、太陰、天府）、

運星（天機、貪狼）、官星（紫微、太陽、廉貞）和擎羊（刑星）同宮時，都是很壞的朋友運。有陀羅、火星、鈴星、地劫、天空、化忌也不好，多是非衝突，但有程度的不同。

僕役宮有陀羅

僕役宮有陀羅居旺時，表示朋友是頑固、強悍、頭腦不聰明卻要蠻幹的，而且有計謀在心中不說出來，會一意孤行，內心是非多，也容易造成你的損失和災害的。但這些人的成就不見得比你低，他們只是有點笨，頭腦不開化，所造成的損失是屬於你的，但不見得是他們的，也許他們反而得利的。因此不適合和人合夥投資、必有損失。你也儘量不去改變環境。

僕役宮有陀羅居陷時，表示你的朋友是地位比你差，而又笨、又壞、又陰險耍詐的，也是悶悶的，話不多，會造成你嚴重損失、耗財的。不適合投資和合夥關係。

僕役宮有火星

僕役宮有火星居廟時，表示你的朋友是衝動、脾氣火爆、好爭鬥、愛時髦，做事馬虎快速，不精細，常和你發生摩擦，偶爾會不愉快的。你一時興起就會去投資，但結果不如理想。

僕役宮有火星居陷時，表示朋友是衝動、火爆、性情激烈，難以控制，好爭鬥，有些甚至頭腦、精神有問題，會做一些不實際，耗財多，對你不利、反叛的事情，他們也是馬虎、快速，少根筋，常因快而出錯，使你蒙受損失，也常和你有摩擦、爭鬥之事而不愉快的。

僕役宮是鈴星

僕役宮是鈴星居廟時，表示你的朋友是性格衝動，卻非常聰明，有古怪的思想結構，有時他們會和你不和，有爭鬥的事情，會使你吃虧。倘若同宮的星是天相、天同、紫微、太陽等吉星，也要看這些吉星的旺弱才能分出朋友對你不利的程度出來。基本上吉星居旺，鈴星也居旺時，問題並不嚴重。吉星居陷、鈴星居廟時，鈴星的力量大過吉星的力量，表示朋友鬼怪的程度增高，對你不利的程度也增高了。

僕役宮是鈴星居陷時，代表朋友鬼怪多，是不端正的人，而且容易報復人。喜歡用惡劣和出人意表的、精心策劃的方法來報復人。所以你要小心朋友中的小人行徑，多防範以免招災。

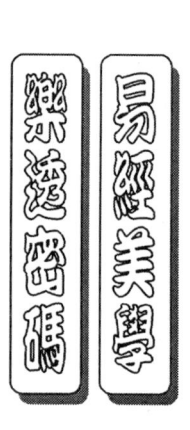

『刑財』格局的朋友運

財星如武曲、天府、太陰也怕羊、陀、火、鈴，有這些星同宮都會刑財。自然在僕役宮出現，也會造成惡質的朋友運，會使你劫財、耗財多，或使你賺錢少了。這樣的朋友運都不適合對外投資。

僕役宮為武曲、擎羊

僕役宮是武曲、擎羊的人，會在辰、戌宮同宮，雙星居廟，表示你的朋友都是性格剛直、強悍，有錢，但小氣吝嗇，好爭鬥又陰險的人。某些錢財少一點的人也是會跟你爭強鬥狠的，他們會阻擋你的財路，使你賺錢少，或被劫走賺錢的機會。因此在投資過程中，要小心這些吝嗇、陰險、好爭鬥，具有政治性色彩的人。

僕役宮是武曲、陀羅

僕役宮是武曲、陀羅同宮時，表示你的朋友是剛直、強硬、頑固、頭腦不靈光，會悶著頭、蠻幹，學習新鮮事物能力差的人。你會因為他們的蠻幹而耗財，或財拖延不進，或進得慢。因此你在對外投資方面要小心那些脾氣又臭又硬，腦袋不靈光，又悶聲不吭、蠻幹的人來壞你的事，或阻礙你得財。

僕役宮是武曲、火星

僕役宮是武曲、火星時，在辰宮，武曲居廟，火星居陷，表示朋友間的政治爭鬥多，朋友大多是性格剛直、火爆、衝動、古怪、肆無忌彈。雖然有財，但也劫耗很多，你的財運不算美的，是有瑕疵，財福減少的。在戌宮，武曲和火星雙星居廟，仍然是刑財的格局，也代表朋友間的爭鬥多，使你劫財、耗財多。但武曲財星在戌宮是受剋的，財會比辰宮略少，而火星是居廟的，雖刑財，但也會有意外之財。故在戌宮為僕役宮時，代表朋友是爭鬥很多，脾氣壞、火爆，但也有時為聰明者會帶意外之財給你，還不算太壞。

僕役宮有武曲、火星或武曲、鈴星同宮在辰、戌宮時，對宮（兄弟宮）會有貪狼相照，又形成雙暴發運格，所以你的朋友是和你爭鬥多，性格有些古怪，會劫你的財，耗弱你的財，同時又帶暴發運給你的。這樣就變得是與非很難分辨了。但仍是不好的朋友運。在投資時，財會來得快，去得也快。

僕役宮是天府、擎羊

僕役宮是天府、擎羊的人，表示你的朋友是外表老實，有錢、吝嗇，但心思縝密、陰險奸詐的人。他們也會阻擋你的財路，使你賺錢少了，或留存不住。但你有時還是要依賴他們來賺錢。你在對外投資的過程中不算很順利，只是在朋友間的夾縫中得以生存。

僕役宮是天府、陀羅

僕役宮是天府、陀羅的人，表示你的朋友是小康境界，頭腦不靈光，也不太聰明，性格悶悶的，一板一眼的，賺錢不十分聰明，常拖拖拉拉的，算是錢財不太順利的人。他們大多數是做事慢半拍的人，所以笨一點，對你無大礙，只要你不是要靠他賺錢就比較好，對你的影響不大。在投資時，朋友對你的幫助有限。

僕役宮為天府、火星

僕役宮有天府、火星的人，你的朋友是外表老實、衝動、性急、小氣的人，常因思慮不周全而耗財多。他們對你也會因不耐煩而和你有摩擦，但他們仍是能存一點錢的人。你在投資的時候，朋友對你的幫助不算大，但也聊勝於無。

僕役宮是天府、鈴星

僕役宮有天府、鈴星的人，你的朋友是外表老實，性格衝動、性急、小氣，聰明，但聰明得有些古怪的人，他們是有財，也耗財多的人。他們對你也常有言行的冒犯，但在某些時候也會幫助你，還不算太壞的朋友運。你在投資時，也是可利用他們來幫忙你的。但仍要小心防範有耗財、劫財問題產生。

僕役宮為太陰、擎羊

僕役宮有太陰、擎羊的人，太陰居旺、擎羊居廟時，表示你的朋友是外表溫和、溫柔、斯文、內心險惡、多計謀的人。他會用陰的、暗的方式和你爭財。所以你要小心被暗算，在投資的路途上要小心機會被掠奪，或遭受暗害而失財的事情。當僕役宮是『太陰居陷、擎羊居廟』時，表示你的朋友都是窮凶極惡、強悍的人，他們的經濟能力不好，你也遇不到有錢的人做朋友，故最好不要和人合夥投資，以防遭災耗財。在旅行路途，最好自求多福，勿依靠他人，以防有宵小之輩趁機打劫。在投資方面，也不宜和人合夥，用人也要小心，以防被屬下劫殺。

僕役宮為太陰、陀羅

僕役宮是太陰、陀羅時，太陰居旺、陀羅居廟時，表示你的朋友是溫和、敏感、多情，在某些方面又頑固、強悍的人，但是笨一點，手腳、思想都慢半拍的人。同時他們也是做有固定薪水的工作，但在錢財上不算靈光的人。你在投資時，找人合夥，最好自己算帳，勿交與他人管理錢財，以防有失，會耗財多，進帳慢或少。太陰居平或居陷、陀羅也居陷時，表示你的朋友是窮且笨的人，理財能力不佳，也不會賺錢，最好不要找人一起投資或合夥，以防這些笨人使你失敗又生氣。

僕役宮是太陰、火星

僕役宮是太陰、火星的人，當太陰居旺、火星居廟或得地時（指同宮在戌宮或酉宮），表示你的朋友是外表溫和、柔美、愛時髦、敏感，有溫情主義的人，但性格衝動、脾氣急躁、情緒起伏大。他們對你是高興時、情緒好的時候，很能溫柔、體諒你，非常貼心，但脾氣不好時，也就衝動愛爭吵的。你們的關係是常會有些衝突的，不過不嚴重。大多數的時候，你是會得到朋友溫情的對待的。在旅行的路途上，朋友對你仍是有助益的。在投資方面，朋友和你合夥，仍是要小心有耗財現象的。**當太陰居平、居陷，火星也居平、居陷時**，表示朋友是外表還溫和，但對人不溫柔，敏感性也不佳，脾氣壞，感情淡薄，不能瞭解你，也不貼心的人，並且他們還是財窮，常想劫你的財，使你耗財的人。在移民時，朋友對你無助益，多衝突、是非麻煩。在投資上，這些人財少，看錢看得大，很容易因衝動和你拆夥，故不適宜做合夥投資。

僕役宮是太陰、鈴星

僕役宮是太陰、鈴星的人，太陰居旺、鈴星居廟時，表示你的朋友是具有溫柔、體貼，但性急聰明得有些古怪的人，他們會用自己聰明怪異的方法來幫助你，但不一定是你想接受的。但是大致還好，有些幫助，還算是貼心的幫忙。太陰居平、居陷、鈴星也居陷時，表示朋友的經濟能力不好，聰明度也不太高，但會用鬼怪的方法和你相處，使你心存不快。因此不適合投資合夥，在旅行時也要自求多福，不會得到貼心的友情襄助。

劫空在朋友運上的變化

僕役宮有地劫、天空

當僕役宮有地劫、天空雙星同宮時，你的僕役宮定在巳、亥宮。表示你根本沒有朋友會幫你的忙。你很孤獨，人緣不好，或是太小心、謹慎，刻意躲避人際關係，以免有麻煩。同時你也會沒有兄弟姐妹，生性孤獨。你無論遷居到那裡，都像出家人一樣，避世獨居，倒也清閒自在。你也不會去投資、做生意，你是清高的人。

當僕役宮居寅、申宮時，有一個天空或地劫星，在兄弟宮有另一個天空、地劫相照時，表示你的朋友和兄弟對你皆無助益，你還是可能和他們來往，但絕無錢財和利益上的瓜葛。當你遷居時，便不會和以前的朋友或兄弟姐妹再多聯繫了。到了新環境，你也無太多的朋友相往來。因此你在對外投資方面，可能會投資有名的、但你不熟悉的企業。做事、賺錢一板一眼，你也會把錢財、投資交給專家打理，你自己則做個廣大的小投資人而已。你絕不會因為朋友的關係而賺到錢，相反的，朋友只會使你耗財而已。

僕役宮在子、丑、卯、辰、午、未、酉、戌宮，只有一個天空或地劫星時，倘若同宮有吉星、祿星，則表示你的朋友運實際上還不錯，但是你不喜歡麻煩別人，一切想自己做，但是偶爾朋友還是會找機會幫忙你的。倘若是同宮的是煞星，表示朋友運不佳，是根本得不到幫助的。

僕役宮是太陰、祿存、天空

僕役宮是太陰、祿存、天空在酉宮的人，『財祿逢空』或『祿逢沖破』，故你仍有好朋友、體貼、溫情的朋友，常想幫你的忙，但是你一點都不想麻煩別人，很保守，凡事都自己做，自己打拚，不太願意開口求別人幫助。非到萬不得已才會開口。雖然如此，你也常感嘆，找不到得力的人來幫助。在投資的路途上，你也會一本初衷，一切靠自己打拚，不會和人合夥，也不會靠別人去賺錢。

僕役宮有化忌

僕役宮有化忌時，表示朋友運不佳，多是非、災禍，前面也提到過有廉貞化忌、天相、擎羊的人，是『刑囚夾忌』帶化忌，不但有官非亦有性命之災，更表示你的朋友是頭腦不清，對你死纏爛打，會傷害你、告你，致你於死地的人。所以有這樣的朋友運，請擅自保重了，不要再想投資問題了，以防羊入虎口，被人當做俎上肉，嗚呼哀哉了。

僕役宮為太陽化忌

僕役宮是太陽化忌的人，是與男性朋友多是非口舌的人，而且天生和男性朋友、屬下，一切的男性的磁場不合，這是甲年生的人所會遇到的，特別要小心，『羊陀夾忌』的惡格，以防被男性所害，有性命之災。一般沒有『羊陀夾忌』的人，只是在男性社會或環境中得不到喜愛，人緣和競爭力容易遭受男性的壓迫、白眼、爭執、口舌是非，甚至像仇人一樣的相處方式。並且你的朋友中多工作不順、事業不佳的人。所以你在工作時或對外投資時，所遇到的環境中本來是兩性平等的世界，此時只剩下女性的單性世界對你好了。但是若你命盤上又有『日月反背』格局的人，那所剩下女性的單性世界也不太圓滿，也不太溫情，那你生存的空間和日子就更難過了，這時又想要對外投資，是機會不好，也很難有順利的好結果的。

僕役宮是太陽化忌、太陰

僕役宮是太陽化忌、太陰的人，在丑宮，表示你的朋友在男性方面都是內向、悶悶的，話不多，事業不太順，和你是非多，磁場較不合的人，在女性方面對你較好、較溫柔，也容易帶財給你的人。**在未宮**，表示在你的男性朋友中，是性格陽剛，事業不順，和你是非多、不合的人。在女性方面也是冷淡相處，彼此無多大利益，也有不合的現象。因此你在朋友運上會失去所有的朋友運，也不太與人交往，很難開拓人際關係，也不會想對外投資了。

僕役宮是太陽化忌、巨門

僕役宮是太陽化忌、巨門時，在寅宮，表示你的男性朋友之間爭鬥凶惡，有多重是非，讓你頭痛，但這些人都是聰明、好鬥，口才好，陽剛，或有某些事業或較高工作水準的人。**在申宮**，表示你的朋友工作能力不高，環境不算好，但又彼此爭鬥多，口舌爭吵多，而且是性格陽剛或男性對你最不利。

有這種『太陽化忌、巨門』的僕役宮時，最要小心有『羊陀夾忌』的惡格，以防有男性朋友害你致死，要算好流年、流月、流日以防災。

僕役宮是太陽化忌、天梁

僕役宮是太陽化忌、天梁的人，在卯宮，表示在你的朋友之中，年長於你或長輩型的朋友中，以男性與你多是非，情感不佳，有麻煩。

以女性的年長朋友和長輩型的朋友會對你照顧有加。這些男性朋友也會是本身事業有問題的人，或是會影響你的事業有問題的人。你在男性社會中的競爭力會有問題、不順。**在酉宮**，表示你的男女朋友皆不強，以男性朋友更多是非口舌，也問題最多。你的朋友皆是成就不高，能力不強，幫助你較少，無助益的人。在對外投資時，會在工作事業、前途上受制於男性，但還有女性貴人來幫助你，最多也只能在生活上有幫助。後者是在工作、生活上皆無幫助，因此你不會輕易的去做投資。

僕役宮是太陰化忌

僕役宮是太陰化忌的人，太陰居旺化忌時，表示你的朋友中是女性朋友居多，她們是外表溫柔、多情、情緒起伏大，常和你有是非。他們也是略有錢財，但也會和你有錢財是非的人。太陰居陷化忌時，表示你的朋友中，女性雖多，但你和男性朋友較更要好。你的女性朋友多半是不夠溫和、情份少、較窮，又和你多錢財是非的人。因此你在移民、投資時，有關女性朋友及財務問題上會有麻煩不順，不適合投資，所得之利益少。

僕役宮是廉貞化忌

僕役宮是廉貞化忌的人，表示你的朋友是頭腦不清，智慧低、爭鬥凶的人。其中會有官非、坐牢、打官司事件的人。也喜歡爭鬥和胡攪蠻纏。你容易一生被他們糾纏不清，很麻煩，你也不想多交朋友，你是人際關係不佳的人。自然在投資的問題上不太會去接觸。

僕役宮是廉貞化忌、天相、擎羊

僕役宮是廉貞化忌、天相、擎羊的人，表示你的朋友是糊塗、頭腦不清、懦弱、愛糾纏別人，容易和你有官司搞不清楚，且可能會殺害你的人。你根本不適合投資。女性有此格易受強暴，致死。

僕役宮是廉貞化忌、七殺

僕役宮是廉貞化忌、七殺的人，表示你的朋友多半是智慧不高，頭腦不清，凶悍，有一點小事就糾纏你、告你，和你有官司，並有可能殺害，你或肯定會傷害你、侵犯你的利益的人。女性有此格，易受強暴，劫殺。

僕役宮是廉貞化忌、破軍

僕役宮是廉貞化忌、破軍的人，表示你的朋友多半是頭腦不清、品行不佳、破破爛爛的爛朋友，肯定會使你遭災、損失，而且還糾纏你不休，是非多，或告你，有官司、有血光的問題。小心他們會殺害你、侵犯你。女性有此格易受強暴及逼良為娼。你要去投資小心被害，被出賣。女性小心被人蛇集團控制，成為娼妓，無法脫身。

僕役宮是巨門化忌

僕役宮是巨門化忌的人，巨門居旺時，表示你的朋友是口才好，很會欺騙人，和你有雙重是非、糾紛很多的人。巨門居陷化忌時，表示你的朋友口才不好、討人厭，很會胡說八道，胡攪蠻纏、品行低落，欺矇拐騙樣樣精通，和你有三重是非糾紛的人，而且糾纏你很久不放鬆。你會生性保守，害怕交朋友，也不想移民或投資了。

僕役宮是天機化忌

僕役宮有天機化忌的人，天機居旺化忌，表示你的朋友都很聰明、智商高，情緒多變，常搞怪，會搞不同的題目來和你有是非糾紛相糾纏，使你防不勝防，也搞不過他的。天機居平、居陷化忌時，表示你的朋友都是不聰明但鬼怪多的人，常陷害你、計算你，又使你一目了然，很厭惡他們。前者你還會交一些朋友，但和朋友常扯不清，受害惹閒氣。後者，你根本不喜交朋友，很保守，和人來往不多，人緣關係不好，也不會去投資了。

僕役宮是文曲化忌

僕役宮是文曲化忌的人，文曲居旺時，表示你的朋友口才、才華都有問題，常惹是非口舌，讓你煩惱、厭惡，但是小問題，不嚴重，吵吵鬧鬧便過去了。文曲居陷化忌時，表示你的人際關係不好，朋友中多半是口才差、才華差，又常惹口舌之災的人。你和朋友也會因口舌是非而不愉快。此種僕役宮的人還是會去投資的，只是要檢點言行，少惹麻煩為妙。尤其少惹那些講話不好聽，性沈默，沒大腦的人，以防遭災。

僕役宮是文昌化忌

僕役宮是文昌化忌的人，文昌居旺時，表示你的朋友外表雖斯文，也略精明，但做事常馬虎或糊塗，有計算和文書上的錯誤事件發生。你和他們要隨時注意簽約和金錢往來，算帳的問題，以防有是非。**文昌居陷化忌時**，表示你的朋友是外型粗、不斯文，又頭腦不清、不聰明、不精明、計算能力差，又會引起糾紛的人。他們也會是理財能力不好，較窮、又笨的人。要小心彼此之間的契約，文書、金錢往來的問題，會有是非糾紛產生。你會去投資，但要小心周遭出現的人會有問題，宜自己小心謹慎，以防耗財遭災。如有『羊陀夾忌』的惡格產生，亦要小心別人因貪財而殺害你。

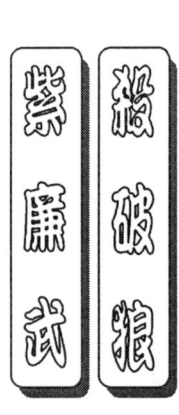

僕役宮是武曲化忌

僕役宮是武曲化忌的人，武曲居廟時，表示你的朋友還很有錢，性格剛直，但頭腦不清，會和你有金錢糾紛。在投資的問題上，一定會有金錢上的糾紛、麻煩，最好不要和人有金錢瓜葛，以防遭災。

僕役宮是武曲化忌、七殺

僕役宮是武曲化忌、七殺時，表示你的朋友是較窮、財少，性格剛硬又衝動，會因財持刀，和你有金錢糾紛時，會持刀刺殺你的人。並且他們也是頭腦不清、強悍、窮凶極惡的暴徒之輩，愛欺侮你，奪財、劫財人。要精算流年、流日，以防被惡人所害，有性命之憂。投資要注意勿入忌方，以防遭人劫殺。

僕役宮是武曲化忌、破軍

僕役宮有武曲化忌、破軍的人，表示你的朋友大多是窮困且有金錢上的是非麻煩的人。並且他們破耗凶，本身頭腦不清，不會理財，性格又衝動、頑固、剛硬，愛糾纏你。在投資時，要小心勿入忌方，以防被劫殺。

僕役宮是武曲化忌、貪狼

僕役宮是武曲化忌、貪狼的人，表示你的朋友多半是頭腦不清，和你有錢財糾紛，對你又剛硬、冷淡，和你關係不良的人，你也不適合去投資，一定會損失、耗財，或被侵害。

由以上不好的僕役宮，我們可以發現，朋友運不好、很壞的人，根本不想投資。朋友運好的人才會對投資特別感興趣。而那些朋友運有點好，又有些不算好，參差不齊的人，則對投資仍抱有希望，想試一下。但真正也只有朋友運非常好的人，才會投資成功。

這是什麼原因呢？原因很簡單，因為你想要賺錢，做成一件事，或做成事業，是必須別人給你機會，別人給你賺錢，你才賺得到的，也才能成功的。倘若別人處處置肘你、阻礙你，你忙著排除困難，忙著解決糾紛，天天煩惱，也浪費太多的時間，那有精力和資源和時間去經營你的錢財和事業？環境中盡是些不順利的事情和人事，像一堵一堵的牆一般擋住你，如何還成功得了？在心態上你也無法繼續及完成它了。所以現今人際關係才是真正決定你成大業、賺大錢的重要關鍵之所在了。

第六章　投資煉金術第五步

——本人財庫大小與漏財問題

財庫大小與守財吉凶的看法

其人的財庫是否穩當、豐滿的問題。一般在命理上看財庫好不好？守不守得住，就是看田宅宮好不好。田宅宮好的人，就是田宅宮中有吉星，沒有煞星的狀況。例如田宅宮中有紫微、天府居旺、廟，天梁居旺、廟，天同居廟、居旺，太陽居旺、居廟，太陰居旺、居廟，武曲居廟，巨門居旺、居廟，文昌居旺、居廟，文曲居旺、居廟，皆是較完美的財庫和田宅宮。田宅宮不喜有變動的星曜如天機、貪狼等運星入內。**有天機星時**不論旺、弱，此人常搬家。財庫常發生變動，不吉。**天機陷落在田宅宮的人**，搬家次數更多、更勤，財庫也最留不住錢財，是有財沒庫的人。他們一生中所買的房子容易賣掉，留存不住。故他們也並不喜歡買房地產做儲蓄的工具，反而是保留現金來流通的方式較受喜愛和適合他們的方式。

田宅宮有貪狼星

田宅宮有貪狼星的人，一生與房地產緣份薄，會因不好意思、懶得爭，或根本爭不到而沒有祖產，也會因為不熱衷的關係也不自置。他們是大手大腳花錢的人，理財能力不佳，毫不關心儲蓄的問題。對金錢運用也不好，價值觀屬於清高類型的人。

田宅宮為廉貪

當田宅宮是廉貪雙星俱陷落同宮時，家中始終是窮困的，若有房地產也是不值錢的破屋一幢，也是他一點也不感興趣的，或是家中房地產早已變賣殆盡，他自己是享受不到的。這樣他的財庫也同樣是他本人所管不到的，自己要管就是窮困沒錢的境況的。

田宅宮為廉破

田宅宮是廉破的人，年少時家中就窮，或是家中的不動產就賣掉了，其人的財庫也永遠有破洞，撫不平，存不了錢。

田宅宮為廉殺

田宅宮是廉殺的人，其人會因祖產有惡運的干擾而對房地產的興趣趨淡，不想要買房地產。但是只要中年努力，仍可能會自置。此人的財庫是需辛苦打拚來存錢，但總存不了多少的，又容易遭人劫財的。

田宅宮為武貪

田宅宮是武貪時，其人的錢財不穩定，對房地產不是很用心，可擁有祖產或父母給的房地產，但容易賣掉，有起伏不穩定的狀況。你的財庫是大起大落不穩定的，有些年運較好的時候較有錢，有些年運不好時較窮困，十分辛苦。因此在投資上也常有起落、不順。

田宅宮為武殺

田宅宮是武殺時，是『因財被劫』的格式，表示家中常有金錢問題，而使房地產留不住。同時也表示財庫中的錢財是少的，常有外力及運程的影響而存不住錢財。有祿存和武殺同宮時，也是『祿逢沖破』，能留有一棟房地產已不錯了，財庫中的錢財也是少之又少的，幾乎見底的。此命的人要去投資，一生辛苦，所賺到的及留下的財產少。

田宅宮為武破

田宅宮是武破時，也是『因財被劫』的格式，表示家中的產業破蕩，即使有房地產也是破破爛爛，不漂亮的，而且也不能長久保持的。你的財庫常空虛，入不敷出，常不夠用，錢財少，常還未進財，就已先花掉了，有欠錢賒債的狀況。有這樣的狀況的人，就是本身賺錢少，理財能力又不好的人，要去投資，只是替人工作，無法自保生活的，其人所遇到的環境變化大，常有不順之時。

田宅宮為紫貪

田宅宮是紫貪的人，你會有家產可繼承，但你並不關心它。你家中的氣氛也是表面祥和，但家中的人是彼此冷淡或溝通不良的。你的財庫也是表面平順，但儲蓄能力不好，沒有太多餘錢來儲蓄的，是理財能力不佳的薪水族或公務員類型的人。你對投資不積極。

田宅宮為紫殺

田宅宮是紫殺的人，你就算有家財繼承也很少。父母也可能很窮，根本沒有家產可給你，須要你自己努力才能自置，老年時可有一棟差強人意的房子。你的財庫是須你自己拼命奮鬥才能擁有的，是表面平和，能平順，但須小心翼翼，以防有劫財或耗財多的現象。所以你也不見得是存得住錢的人。想要投資是十分辛苦的。

田宅宮為紫破

田宅宮是紫破時，你會先賣掉祖產，或家中先把祖產賣掉了，日後你再打拚賺錢來自置。你的財庫是表面祥和、美麗，但實際起伏很大，而且有先破後成，或是有多次破耗經驗的財庫。你的錢財仍是留存不住的。你適合做房地產經紀來買賣房地產，會賣得快又好。

田宅宮為機巨

田宅宮是機巨時，**在卯宮**，會有祖產，家中多是非，但仍能守得住，也會變化增加。財庫還算牢靠，是有好的方面的變化的。**在酉宮**，會退祖業，先大後小，家產少或無，白手起家，最後仍能擁有一棟房子。財庫是起伏較大，錢財進進出出的，須看年運的好壞來定吉凶。你是保守、小氣、精明的人，會經過長期計劃，並且證明確實能增加財富的機會，你才會去投資。

田宅宮為同巨

田宅宮是同巨時，不動產會由別人來管理，在你名下的不動產少，你有家宅不寧的問題，家中人是表面溫和、暗鬥多，你縱然有錢，在調動上也需大費周章一番，會有點麻煩的。你常想去投資。

田宅宮為陽巨

田宅宮是陽巨時，**在寅宮**，不動產為先無後有的形式，可愈來愈多，有好幾棟。財庫的規格是中、小型而慢慢變大的。**在申宮**，一生辛勞，老年時有一棟也不錯了。財庫的規格是小而只夠衣食的。你會因工作問題而去投資。

田宅宮為機陰

田宅宮是機陰的人，**在寅宮**，是白手起家，辛苦一生，自己會自置房地產。財庫是由小變大的。**在申宮**，一生辛勞，房地產少，或由父母後來所給的，但也容易賣掉，其人的財庫是小而錢財少的，也留存不容易的。你會因環境局勢的變化而遷居而有所投資。

田宅宮為機梁

田宅宮是機梁的人，多少都有家產可繼承。**在辰宮**，亦可自置一些。在戌宮，自置少，也可能會賣掉一些。這表示田宅宮是機梁在辰宮的人，是財庫的變化較小，較能穩定一點。在戌宮的人，財庫較不穩定的，會有漏失的。你會因突然發財而去投資。

田宅宮為同梁

田宅宮是同梁的人，是最初就會失去不動產的人。在寅宮的人在中年以後，會得到父母所給的房地產。在申宮的人，需白手起家，自置。這表示田宅宮是同梁在寅宮的人，你的祖父輩可能是窮的或是糾紛是非多的，經過你父親的打拚努力所賺到的房地產，在你中年時交接給你。而你的奮鬥能力是不強的，也不會自置的。**田宅宮是同梁在申宮**的人，你得不到家中父母的遺產，必須自己白手起家來自己買。你的能力是稍強的，你的財庫也是較能存得住錢財的。你會遷居投資是有不得已的苦衷的。

田宅宮為日月

田宅宮是日月同宮的人，在丑宮，表示你的房地產多，繼承父母的家業較少或無，但會自置，愈來愈多。**在未宮**的人，你得自父母的房地產會有一棟，但無法自置，這表示田宅宮在丑宮的人，會存錢，懂得經營，財庫是默默的增多的狀況。田宅宮在未宮的人，財庫是窮的，也不懂得賺錢經營，沒錢可存，也留存不住。你會為工作的關係而遷居投資。

田宅宮為武相

田宅宮是武相的人，一生打拚為房地產。在寅宮的人，房地產較多，打理清楚。在申宮的人，房地產較少，你仍都會因子女不肖而減少或賣掉部份房地產。

田宅宮為武府

田宅宮是武府的人，房地產多，而且能得父母的大產業，自置也很多。這也表示你的財庫很大，很富足，牢靠，未來有可能是家財萬貫的人，**例如王永慶和李遠哲都是具有這種田宅宮的人**，他們都是左輔坐命酉宮，對宮有機巨相照的人，田宅宮位於子宮是武府的人。這種人最適合到國外投資，也敢於到國外投資。因為財庫豐滿，資源豐富之故，因此也較容易在到國外投資上成功。就像李遠哲先生在年輕時赴美讀書，是一次遷居國外。得諾貝爾獎後，又回國定居，做中央研究院之院長，又是另一次遷居國內。每次遷居也都是一次投資，都有對其人在經濟利益和名聲上有大收穫。王永慶先生也是一樣的，到美國及其他地區投資或各地有住處，到處奔波，也能賺到利益。

田宅宮為紫微

紫微在田宅宮的人，在午宮的人，一生房地產多，父祖輩是辛苦經營的人，因此他會享受到很多家產，自置也很多。並且他的家人都會相互配合，房地產也都是精緻、美麗、地價高的，是高尚的房地產。你的財庫也是非常大，又牢靠，會受眾人保護、擁戴的財庫。雖然你不一定會理財，但會有人幫助你保全它們。你在做重大投資時，一定是家族性的全體行動，會經過多次的家庭會議開會討論，經過一致的贊同，才會行動。你也具有大家族的領導力、協調力，再找年運好的時候行動，更能成功。但你們要去國外投資是不太輕易能動的。**田宅宮為紫微在子宮居平的人**，你的家產只是普通平順，是一般小老百姓平凡的家產，你比較不積極，在中年以後會怠惰，可是會有一、二棟房地產可夠生活。你的財庫比較小，家中的人也算溫和，但有自我保護的色彩濃厚。你也不想向外投資，太辛苦了。

田宅宮為紫府

田宅宮是紫府的人，你有龐大家產可繼承，也能保護它們，有很富足的生活，財庫非常大。而且家中的人都具有勢利的觀點，你不會輕易的遷居投資。你們是保守的，守住舊家業就很不錯了。

田宅宮為紫相

田宅宮是紫相的人，在辰宮，你能繼承祖業，有很多的房地產，也能自置一些。天相是會理財的福星，在田宅宮，自然能勤奮治理房地產。在財庫方面則表示財庫中的錢財是井然有序的，收支進出整理得很清楚的，因此你無論走到那裡都能怡然自得的。到外國去，你會穩如泰山，毫不擔心。但在對外投資上，不會做出多大的投資，因為你從不貪心，而能守份，也並不希望賺大錢。紫相在戌宮為田宅宮的人，你的財庫較小，只是努力打平理得清楚而已，生活還算過得去。你較保守，不太肯遷移，當然在投資方面，餘力也不多。

田宅宮為太陽

田宅宮有太陽居旺的人，你會繼承家產不少。你家中的人是性格寬宏、個性爽朗、明亮的人。你的財庫也是希望無窮，蒸蒸日上的狀況。所以你適合出外投資、打拚，賺更多的錢來買房地產，鞏固自己的財庫，你也一定會成功。

田宅宮有太陽陷落的人，你繼承的家產不多或房地產不佳，亦或愈來愈少，完全要靠自己的打拚才能擁有更多，在晚年也會逐漸減少房地產。你的財庫較暗淡，錢財增加的速度慢，耗財的速度快，你必須出外打拚或對外投資都是好辦法，但你不一定會去做、去開拓。

田宅宮為陽梁

田宅宮有陽梁的人，在卯宮，繼承家產很多，且能自置很多。你是非常好運的人，能力也很強，不論走到那裡都能創造經濟奇蹟，創造更大的財富。所以你也最適合外出投資，全都會成功。

田宅宮為廉貞

田宅宮有廉貞居廟的人，你是天梁陷落坐命的人，你與祖產無緣，即使有也會變賣殆盡。自置時也留不長久，適合掛在其他家人的名下較安全。你的財庫是處心積慮來形成的，但強敵環伺，爭鬥多，容易有糾紛而耗財。你本身溫和，打拚力也不足，結婚後較有可能有房地產，或由配偶得到錢財。在外出投資上你不積極，會由家人和配偶作主。

田宅宮為廉府

田宅宮是廉府的人，能繼承的家業不多，但家中的人是智慧不高，能存錢的人，因此你的財庫雖不大，但能積蓄而略有財富。你會因人而貴，也可能因配偶或工作的關係而接近財富。要出外投資，要看貴人的指點而成。

田宅宮為廉相

田宅宮是廉相的人，你特別注重房地產，但不一定有祖產可繼承，多半由自己經營所得。你的財庫是以平順會打理為主的財庫，在賺錢的能力上並不特強，但能守財。你會在外奔波，周遊列國去投資，也會把家人安排遷居國外，但自己並不一定會移居國外，你會守著有最多房地產產業的那個地方而生活。

田宅宮為天府

田宅宮是天府居廟在丑、未宮的人，你的父母不富裕，但也可能會留下一棟房地產給你，以後你會慢慢自置再增加一些，生產富足，你的財庫是平穩、一點一滴積蓄而成的。你不太會外出投資，你是安土重遷的人。

田宅宮是天府在酉宮居旺的人，你是天機坐命午宮的人，你所得的祖產不多，年長後會自置，也是一點一滴儲存的，財庫還算牢靠，你也不喜歡外出投資，你根本不想有變動。

田宅宮是天府居得地之位的人，你所得之祖產不多，自置也少，但總有房地產可守住，你不會外出投資。

田宅宮為巨門單星

田宅宮是巨門單星居旺的人，你的房地產不少，錢財接踵而來，不動產購置很多。你的家中多是非，但你是保守、小氣的人，很能自保，不會把房地產托給他人管理。你不見得會外出投資，你會把握住好賺錢的地方，不輕易改變。

田宅宮為天相單星

田宅宮有天相在丑宮居廟的人，你是太陰坐命戌宮居旺的人，你喜愛買房地產，會有一定數量的投資。你的財庫打理的很整齊、平順也很會花錢，但你不一定肯移居國外或外出投資。田宅宮在未宮居得地之位的人，你是太陰坐命辰宮的人，你的名下一定有房地產。但會有起伏進出，也會一定再買進補上。你的財庫也會很安定、平順。你也不太會外出投資。

田宅宮為太陰單星

田宅宮是太陰居廟的人，本命財稍多的人，你會在名下有許多不動產。本命財少的人，至少名下也會有一棟不動產。你的財庫是按月儲存的錢或不透明、不在檯面上的錢財，是暗錢。例如是利息錢、房租、私房錢、薪水剩餘的錢之類。你不太可能遷居國外，或出外投資，你會倚靠家人的動靜而變化。

田宅宮是太陰居陷的人，你的房地產少或無，或有了又賣掉。你的財庫中常鬧窮不富足，就算是投資也不利，你存不住錢。你會為工作奔波而短暫遷居。

田宅宮為天梁單星

田宅宮是天梁居旺的人，你會擁有祖產或公家、國家給的房地產。你會做公務員或薪水族，財庫是一般人衣食之祿的財庫。你不太會去出外投資打拚，你反而比平常人保守，會因工作的關係在某地待較長久的時間，而不是真正的移居。亦可能是因戰亂或特殊天災人禍的原因而遷居。

田宅宮是天梁陷落的人，你有房地產也留不住，會遭家人賣掉。你的房地產會是因配偶的關係而得，也會因配偶的關係而失去。你會去投資完全是因配偶的關係而發生的，所以你本身不會有成功或失敗的責任。

田宅宮為七殺單星

田宅宮是七殺的人，七殺居廟時，你可得到祖產，亦可再自置。七殺居旺時，是由你在中年以後自置不動產的。你的財庫是有殺星入內，故必須是辛苦打拚所成的。而且是害怕有意外之故或劫財之人來入侵的。不過，你較會去對外投資，以增加財庫中的錢財。

田宅宮為破軍單星

田宅宮是破軍居廟的人，你會有祖產或房地產，但也會有進出，耗財的變化。財庫有耗星，總是不完美的。表示財庫有破洞需要隨時彌補更正，勤加理財的。倘若**田宅宮的破軍在寅、申宮居得地的位置的人**，財庫破耗的更凶，是更留不住財的。你的房地產也留不住，最好找財庫好的人來幫你守財。你是花錢凶，幫別人理財勉強可以，替自己理財，破洞是愈來愈大的。所以即使適合去投資都不一定有錢去。你們較會因工作、討生活被任聘而遷居國外。

田宅宮為祿存單星

田宅宮是祿存單星的人，你是保守、吝嗇能守財，但錢財不多的人。最少會有一棟房地產。你是安土重遷的人，不會去投資。

田宅宮為文昌單星

田宅宮是文昌星居旺獨坐的人，你會擁有家產，也可自置，並且房地產都是精美、裝璜美麗的房地產。你具有精明的計算能力，能打理清楚你的財庫，使它不虞匱乏。你不一定會去投資，你比較小心、保守，不太會變動環境。田宅宮是文昌陷落時，你沒有房子，也留存不住。你對財庫的計算能力不佳，理財能力不好，財庫常鬧窮。你會去還居國外一定是因工作、生活的關係才會去，生活舒適一些便不想變動了。

田宅宮為文曲單星

田宅宮是文曲居廟的人，你會有家產、祖業，自置也可能。你的家中常很熱鬧，客人多。你是注重人際關係來賺錢的人。你也較會投資，用人際關係找到的賺錢機會。但這也要看你的遷移宮好不好，才能知道你動不動得了。

田宅宮是文曲陷落的人，你沒有家產和祖業，家中的人是安靜，口才差的人，家中較靜，也沒有客人來往。你的人際關係也較差。會以薪水族賺錢的模式生活。若被公司勉強派去某地工作，你也沒有異議，但不會置恆產，也沒有長住、逗留的打算。

田宅宮為左府、右弼

田宅宮是左輔、右弼的人，表示你可有家產，你的房地產是由別人來幫忙的擁有的。同時，你的財庫也是有人來襄助幫助充實和打理的。你一生較辛勞，適合為人服務工作，由別人給你錢賺，或由別人照顧給你房地產。你適合跟對老闆再移動及投資。

田宅宮為擎羊單星

田宅宮是擎羊居廟時，你縱使有家產，也會先破而後自置。你的財庫有了破洞，會慢慢流失，你會去大膽的投資，但一生辛勤努力補破洞。田宅宮有擎羊陷落時（在子、午、卯、酉宮），你的家產少，也不容易自置，你的財庫有大波瀾，很難撫平。田宅宮有擎羊星的人，都是家中爭鬥多，家宅不平靜的。而且縱使擁有房地產，也常有紛爭，受到侵害，或失去。這些人都是財庫不穩當的人，自然也容易做出外投資的決定了。

田宅宮為陀羅單星

田宅宮是陀羅居廟的人，也會先破而後自置。你會遠離祖業，離家工作，才慢慢自置，大概也在中年以後才成。你家中的人都是笨、而且悶悶的，話不多，知識水準不高，沒有辦法的人。完全靠你自己出外打拚而有成就買房地產，所以你會是因為工作賺生活而去他地謀生的。你的財庫是平可見底，幾乎磨出洞來的狀況，也是守不住財的。

田宅宮是陀羅居陷時，你容易住在破爛、要改建的房舍中或是居於墓地旁、破耗之地的地方。你的財庫窮且破洞大，承受不住財。你也會因謀生的關係而到處遷居。

田宅宮為火星、鈴星

田宅宮是火星、鈴星的人，會變賣祖產而無房地產。田宅宮和子女宮會形成『火貪格』的人，也會因暴發運而自置，但時間不長，也易賣掉。火、鈴和吉星同宮時，會先無後有，或是先有後無，若火、鈴、劫、空同宮時會無房地產。你的財庫是不完美的，來的快，去的也快。或是還沒見影子便沒有了，你會移居某地也是為了謀生而試試看的。

田宅宮有天空、地劫

田宅宮有一個天空、地劫，在子、丑、卯、辰、午、未、酉、戌時，倒是不用擔心房地產會落空，你只要努力打拚，小心理財，便無大礙，錢財仍可平順，好好守著財庫、房地產，你還能守得住。**田宅宮和子女宮分別在寅、申二宮有天空、地劫相照守時**，有子女便有房地產了。你會因有子女而打拚，有家的觀念而買房地產以鞏固財庫。你若要遷居國外，也是為了謀生之路而行的。

田宅宮在巳、亥宮有天空、地劫同宮時，你沒有房地產，也留存不住，你會到處為家，財庫也有財無庫，留存不住。對外投資對你來說十分有意思，每個地方都讓你有新鮮感。有工作就有飯吃，你也很滿足，但老的時候還是要找一個田宅宮好的配偶為伴較好，老年生活才平順安祥。

由上述可見，田宅宮太好、太穩當、富足的人，是安土重遷、保守的人，較不喜歡向外投資，反而是田宅宮不算好，破耗多的人，倒能有破斧沈舟的、有決心向外投資。這些問題是值得人玩味的。

第七章　投資煉金術第六步

——延續財的能力與才華問題

如何看延續『財』的能力與才華問題

一個人無論他是否要投資，凡是做一件事會失敗，總是有它基本的原因存在的。這些原因有些是先天性的思慮、思考不夠周全，也有些是智慧、才華的貧乏、後繼無力所造成的。

一個人要看能否延續『財』的能力及才華好不好，要看子女宮。子女宮也是看你的財富、資源承接的力量，和延續力量的宮位。子女宮不好的人是不適合去投資的，因為縱然你的『命、財、官』不錯，也會是有財沒庫的人。也會百密一疏而有閃失、失算的機運，會有失敗危險。

子女宮有七殺、破軍、貪狼、羊、陀、火、鈴、劫、空、化忌、太陽陷落、太陰陷落、巨門、天機陷落、天梁陷落、天相陷落、天同陷落等全都是子女宮不好的人。無子、或是與子女感情不佳，會離散、有衝突、冷淡。一個人要想聰明、智慧圓融、運氣好，能得到及承受大財富。其人的生命資源要像活水一般流暢，就要有進有出。『命、財、官、遷』是『進』的源頭，而子女宮是『出』的關卡。**子女宮也是通往財庫（田宅宮）的門戶要地**。子女宮和田宅宮是相對照的宮位。子女宮不好的人，堵不住財庫的流失、耗弱。有財也存不住。生命的資源也會減少。

子女宮也是看男性性能力的宮位。子女宮不佳，其人的生殖能力不行，自然身體是不好的，會有腎虧、腎弱的問題。肝、腎、內臟都是相連的，自然也不會很好了。也會有眼目不佳和其他的毛病存在，健康也會影響到人的打拚能力，也就難於成功，人生會有起伏的境界了。

通常我們可以看到一些子女宮不好的人，脾氣急、較無愛心、做事粗糙、不耐煩、考慮事物不周詳，甚至於少用腦子、少用敏感力去斟酌、揣測、思考事情，也就是智謀不足，自然不易成就大事。

子女宮不好的人，在才華上所展現的問題

子女宮有七殺星

子女宮有七殺星的人，表示你的才華少，只有一件或根本沒有。你會很頑固、又怕麻煩，你會放任周邊的事物任其發展，到了愈變愈壞的時候，才來長痛不如短痛的切斷彼此一切的關係。你會有不成器敗

家、強橫之一子，或是無子。你本身常會心情起伏、或內心是非多，而造成不顧大體、不顧大局的狀況。比較任性、任為、不受約束，是自以為頭腦聰明，其實是思慮不周全的笨蛋。在這種狀況下，你創造的財富不會太多，自己享用完就算了，你也不會為別人著想。

子女宮有破軍星

子女宮有破軍星的人，表示你的才華是在花費和耗財方面有特殊專長的人。你會自己精力花費太多在沒有意義的事物方面，喜歡談戀愛，根本不實際，也浪費了你的生命資源。所以你的財庫永遠有一道旁門、小洞在漏財。倘若再有文昌、文曲在你的子、田二宮出現，那你更因為清高不實際，而使你的財庫空無而窮困。**子女宮有破軍星的人是命宮中有太陰星的人，包括了同陰、機陰、日月坐命的人。**你們重視別人溫情的對待、注重感情，而忽略了理智、公正、客觀的部份，打拚能力也隨心情而變化。所以你們的才華永遠是在『情』的方面來展現，但情是最難捉摸的東西，是故你們不實在。在做事、工作、打拚、爭鬥方面，是沒有感情可講的，你們在這方面又有缺失，所以說在延續『財』的能力及工作上算是才華少的人。

子女宮有貪狼星

子女宮有貪狼星的人，表示你與子女根本沒法溝通，也不會溝通。你會做事馬虎、粗糙、慌慌張張、不重視細節、很隨便、任性、又頑固、強悍、自以為是。你對別人的標準較嚴格，對自己的標準較鬆，是嚴以待人、寬以待己的人。你會做事虎頭蛇尾，完全不管事情後來發展到什麼地方了。你早已轉移目標去看別的新鮮事物去了。說你才華不好，你未必承認，但你會常抄襲和借用別人的點子，這是一點也不假的事實。不能創造好的觀念、點子，這就是你延續『財』的能力及才華不足的鐵證了。

子女宮有擎羊星

子女宮是擎羊的人，表示你的才華和智慧是受到剋制的，你可能有陰險、損人不利己的才華，或根本沒有才華，只是做固定或重複性高的工作來得財。你的財庫直接受到擎羊的沖剋，財庫會有個小洞，像是被老鼠咬破一般，一點一滴的，財被流失了，自然能延續『財』的能力也受到剋害。同時也表示你賺錢的能力是不足的，花錢的能力較強。你會比較任性、自私的花錢、耗財，不讓別人管，也會討厭小孩、厭煩有累贅。表示你是無拘無束，從不想麻煩、傷腦筋，給自己找苦吃。是故你在前去投資的時候是你自己沒花多大力氣的，是別人幫你辦的，你是無所謂的。有些人出國讀書，後來做事，服務的公司老板替他辦居留，所以他就留下來成為居民了。或是原本別人出國去投資，有人只是跟隨去的幹部，後來公司因財務問題或其他問題，老板想撤資或不見了，留下爛攤子讓此人來收，自然而然就變成他在投資，類如此類的方式。

子女宮有陀羅星

子女宮是陀羅的人

子女宮是陀羅的人，表示你的才華少。沒有高等的智慧，你在做事開拓先機，和促進事件的成功上，是用其他的方法來做的，因此無法直接使你變為大人物或成功。你是無法自己成為大老闆、大企業家。而且心內頑固、慢、笨、拖延的，想太多、原地打轉的，運用一些你熟知的小方法來賺錢和投資的。其實你一直覺得別人也很笨，不至於有你聰明，所以你也無須追求更高的智慧和知識，也無需表現才華來讓人肯定。你在投資的事物上，會用一般人慣用的方法，請代辦公司來辦理，對你負責。你會在到達投資的地點再來瞭解和感受當時的狀況。因為你認為多想無益、事到臨頭再來解決也不晚。

子女宮有火星

子女宮是火星的人，表示你的才華少，只會某一些知識或謀生技能中的一小部份。也時常忽略或搞不清自己到底有什麼才華。你最多有一子。生出兒子的人，你最後還可有自我肯定、知道自己有什麼才華。沒有兒子的人（包括沒有先生女兒的人），你的自信與自卑是糾纏不清的，你根本無法肯定自己是否有才華，你有時也忙得不得了，但在別人眼中是不會有高評價的。所以你要是想要投資，你會忙了半天，事情也沒進行多少。

子女宮有鈴星

子女宮有鈴星的人，表示你的才華有令人驚訝、古怪的某方面才華。但對人生中正常的財富、人生境界的提高是沒有幫助的。所以你的財庫也是不穩當的。鈴星獨坐子女宮是無子的人，也表示你特殊的癖好讓你古怪的才華終結了你的人生。若是您想要投資，一定是因為某些不可告人的原因而被逼迫去做的。**鈴星居廟加吉星**，可有庶出之子。對宮吉星多可有兩、三子，但子女體弱多夭。你在投資方面會另起爐灶，做些和別人不一樣的工作，和人糾纏不清，深受其苦。

子女宮有天空、地劫

子女宮是天空、地劫同宮，無子女，你也根本無才華。你在中年以後會遇到空茫、晦暗的一段日子，人生有大起大落，而且家財難留。財庫的洞太大，無法堵住。你的身體欠佳，肝腎不好，也會拖垮一家人。領養子女堵住財庫的漏洞也是一個辦法。你若想投資，容易虧錢，或眼光看不準，讓人騙去，一定有敗局，很慘。**只有一個天空或地劫在子女宮的人**，表示子女數減少或不親密、沒助力。你所具有的才華常是在你的人生中不合用，對你本身無益的。你也會有頭腦不實際的狀況，但不算太嚴重。你在移民、投資的時候常抓不穩時機，或憑感覺來揣測，或是單憑機緣的發生率，自己是不太主動的，或是雖主動但又拖拖拉拉沒有確切努力的。所以不一定會成功。

子女宮有一個天空或一個地劫的人，要看你現實生活中確定有無生出一個兒子來。已有兒子的人，會堵住你財庫的漏洞，倘若田宅宮也不錯，則對你的影響不大，你只是偶而會不實際，才華沒發展的地方。

若是有子、田二宮差的人，表示你會不實際、才華不佳、財庫又破爛，只有靠你這個兒子來獨撐大局了。撐不撐的起來，關係到你中、老年命運。在投資方面，有子而財庫好的人，仍會有創造的才華，也留得住財富。有子而財庫（田宅宮）不好的人，子女宮又有一個天空或地劫星出現的人，表示你雖有創造的才華，但財富留不住，最後才華也不見得有用了。

子女宮有一個天空或地劫，沒有兒子，田宅宮又不好的人，表示你常沒有投資的目標，也經常錢留不住。沒錢的時候，有許多計劃想要投資，等好不容易有錢了，卻又不想投資了。

當子女宮在寅、申宮，有地劫、天空分別在子、田二宮相互對照時，你有無才華是決定在你要不要生出兒子來。有子的人，會漸有才華，有財富。再買一棟房子，分別鎮住子、田二宮，你便會一生順利，有成功的機會了。

倘若不重視子、田二宮的人，必會一生起伏、沒有目標、也無法有成就了。而且中年運三十歲至四十歲之間的大運就行經子、田二宮，受空、劫相照的影響，為害尤凶。會一無所獲，生活多破耗不吉。更無法投資了。

子女宮有化忌

子女宮有化忌時，要看化忌的主星為何，才能決定你的才華是那一方向受阻、受剋的。例如：

子女宮有太陽化忌

甲年生的人有太陽化忌，若在子女宮，是與兒子不和。也代表你在官途、人生際遇的明亮和晦暗度上劃分不清。你在掌握人生大方向上的才華是有糾紛和招災現象的。你雖然強力打拚、愛管事、有威嚴，但你做事粗糙、馬虎，不重視小節，常疏忽而招災。你在中年時也人生有波動、是非、招災或有官非的事發生。所以直接影響到人生的順利度了。在投資方面也會失手、損失。

子女宮有太陰化忌

像子女宮有太陰化忌的人，是你對錢財的才華和天生敏感力的才華不行。在中年也會遭災不順。

凡是子女宮有化忌的人，皆是在中年三十幾歲至四十幾歲時，人生有大波折、不順的人。所以要出外投資，則應選年輕時與年老時的時期而為之，否則一定會失敗。

子女宮為主星陷落

子女宮是太陽陷落的人，是其才華不受肯定的人。

子女宮有太陰陷落的人，是賺錢和理財能力不佳的人。

子女宮有天機陷落的人，是才華、智慧不高的人，喜搞鬼、有小聰明，但常敗事的人。

子女宮有巨門星居旺的人，是才華表現不順暢、投機取巧的人。要經過二、三次的教訓才會醒悟的人。

子女宮有巨門居陷的人，表示有二、三次的教訓仍然不醒悟，而且本身古怪、嚕嗦、堅持己見，聰明度、才華不足，卻又不放心別人的人。

子女宮有天梁陷落的人，表示你自恃有聰明、才智，但才華卻缺乏而不自知。你什麼都懂，卻什麼都照顧、瞭解不多，最後根本是沒有才華、才智也不足的狀況。

子女宮有天相陷落時，表示你天生的智慧是不高的，沒有才華的，你也會打混過日子，憑著感覺、靠運氣在過日子。但是你的運氣常不好，經常有苦日子。

子女宮有天同陷落時，表示你的才華不足，你只會做一些勞力或重複動作的工作、沒有創造力，很辛苦在守財，但總有破洞、流失，十分辛苦。

子女宮是守財、賺錢能力表現、以及看『財』的延續及才華的宮位。因此，在投資方面會不會順利和賺錢及理財就十分重要了。子女宮不佳的人，最好別胡亂投資，以防不測。

如何掌握旺運過一生

法雲居士⊙著

這是一本教您如何利用『時間』來改變自己命運的書！旺運的時候攻，弱運的時候守，人生就是一場攻防戰。這場仗要如何去打？

為什麼拿破崙在滑鐵盧之役會失敗？

為什麼盟軍登陸奧曼第會成功？

這些都是『時間』這個因素的關係！

在您的命盤裡有哪些居旺的星？

它們在您的生命中扮演著什麼樣的角色？

它們代表的是什麼樣的時間？在您瞭解這些隱藏的契機之後，您就能掌握成功，登上人生高峰！

第八章　投資煉金術第七步

——本人天生境遇好壞的問題

天生境遇好壞會關係到投資煉金術的成功

人一生中在外面會遇到什麼樣的環境？環境中的人對自己有沒有幫助？還是有害無益的？其實都關係到你做一件事會不會成功的問題。**看周遭環境就要看其人的『遷移宮』**。遷移宮就代表你一生所遭遇的環境的好壞。**例如天相坐命的人**，命宮中有一顆天相星的人（如廉相、武相、紫相坐命的人），**其遷移宮中都有一顆破軍星**。這代表在其人的周圍常出現粗魯、使其人破耗多、爭鬥多、性格複雜、善變，長相不美麗，甚至醜陋的人。在這樣的環境下，你就須要比別人多花費錢財、多花功夫、多花精力、智謀來成就一件事情了。而且也容易起起伏伏、不順利，要經過多次努力才會成功。**倘若遷移宮中有破軍、擎羊的人**，爭鬥更是慘烈，在外面也易受傷、有車禍血光。環境中充滿陰險狡詐多疑的小人，或是凶狠、處處阻礙你、為難你的人。同時，你的為人和做事方法，也常會出現懦弱怕事的狀況，愈怕事就愈受欺負。

※命盤任何一宮有天相、擎羊，或是在相對的兩個宮中有天相、擎羊相對照，皆是『刑印』的格局。在『命、財、官、夫、遷』等宮出現，都會有懦弱的現象，流年逢之，也會有懦弱受欺負的事情發生。

遷移宮有『破軍、擎羊』

有一位做公務員小課長的朋友是紫相坐命的人，又是辛年生的人，遷移宮剛好是破軍、擎羊。原本家庭就不富裕、父親死後又留下債務。他來找我是為了升級、升官的事情。據他所說：每次遇可升等、升官的時候，原本沒有競爭者的，想必是篤定該升他了。可是在最後關頭都會出現程咬金來與他競爭。這些上司的人馬很快就佔據了他原先該升的官位，因此多年來一直讓他憤憤不平。

命宮有『破軍、擎羊』

另一位命宮是破軍、擎羊的朋友，其遷移宮是紫相。原先的家庭就很有錢、父祖輩都是大地主，一生生活優渥。他是做包攬工程的工作，事業做的很大。最近要到大陸發展電腦軟體的業務。因此來找我算命。我說：你很好啊！走到那裡都受人尊敬，周圍的人及所遇到的人都是溫和、氣質好的斯文人。在外面很吃得開，只是你自己內心常憂煩、勞心勞力。在流運走到辰、戌年或至辰、戌宮的時候，會躊躇不前，有更多煩惱、懦弱的事情煩憂。他太太說：他真的很愛煩惱、愛東想西想的，晚上也不睡覺，一直在想，如何打開市場？那些人和關係可以用？那些人是無用之人？終日擔心事業上的事，非常辛苦。

這個愛煩惱的人，煩惱、多疑是他的天性，是改不了的，太操勞容易壽短，並且他還傷災多。在狗年時不僅有金錢的破耗，也會有身體上的破耗、車禍血光或開刀的事情。據他自己所說，上一個大運、流年至狗年時值46歲，他的公司破產，損失了二億元。目前的公司是後來又開設的。正應了『破軍坐命的人一生有多次開創格局』在命書上所說的話了。他問我：『以後是否還有和破產相同的事發生』？這就要看大運好不好而定了。46歲那時，大運、流年皆不好，就容易有破產的事件。我勸他以後要穩穩的做，不要心太大、擴充太快，任何一個事業到了一個時間，都會有周期性的高潮和低潮，只要守得住、拖的過去，便又是一個新的里程碑了。由於他周遭的環境好、家底厚、東山再起是很容易的事了。

由這兩個人的例子就可知道人環境的好壞、遷移宮的好壞，會有天壤之別，是多麼的重要了。前面那位紫相坐命的朋友若是要去投資，不論到那一國，或是就在本地做事，都是困難重重的。後面這位破軍、擎羊的朋友，若是至外地投資，是比較能輕易成功的。兩人同樣操勞，但在奮鬥力和外界的阻礙力上就大不相同了。

遷移宮較差、人生較緊迫

遷移宮不好的，還有遷移有巨門星、七殺星、天機陷落、天相陷落、廉破、武破、武殺、巨門陷落、天梁陷落、太陰陷落、太陽陷落、廉殺、廉貪等，以及有羊、陀、火、鈴、化忌、劫空在遷移宮。**遷移宮不佳，不但反映了其人出生時的家庭環境**、及在家庭中所受到之待遇，更顯示出一個人一生所遇到每一個大大小小的環境變化。所以遷移宮不佳的人，一生都非常辛苦，不止是不適合投資，而是一生的困難比別人多，須要他做太多的工作去擺平周遭的問題，浪費了許多時間、精力才能勉強成功。很多人就在這場時間、空間、精神層次的消耗戰中棄械投降了，而一生沈沈浮浮，永遠難以有出頭天了。

投資煉金術易受阻礙的命格

遷移宮有巨門星

在你環境周圍的人都是口才好，愛說話及多疑和搬弄是非的人，常製造是非災禍出來，也常彼此相互爭鬥，使你很煩，你也常牽涉進入，心境不寧靜。**有羊、陀、火、鈴和巨門同宮在遷移宮**，父母宮又不好的人容易在嬰幼兒時期被丟棄，或送人寄養。**遷移宮有巨門陷落時**，你周圍環境中所遇到之人，皆是是非爭鬥多、又激烈的無恥小人，常和你糾纏不清。你自小家境清苦、環境不好、容易受欺負、一生中也常遭災，所幸你性格溫和、忍耐。計較不多、脾氣好，但也不能改變事實和環境。

遷移宮是七殺星

你的命宮中都有一顆天府星。在你周圍常出現凶惡、強硬、有點笨、喜歡蠻幹的人。但他們性格剛直、不服輸。只要沒有羊、陀、火、鈴同宮，便不至於太陰險，你會有辦法制服他們。**有地劫、和七殺同宮在遷移宮時**，表示你周圍這些凶悍的人會劫走或架空你周圍的環境，使你本身的財庫（天府坐命是財庫星坐命）會受到劫財而空無。你自己本身的腦子也會不實際，會做一些不實際的打拚，或根本不努力打拚，而一事無成。

遷移宮有天機陷落

你是天梁坐命丑、未宮的人，你一生周圍易出現有小聰明，但真實智慧不高的人在搞怪。常遇小人、陰鬼，事情總是愈變愈壞。你自己常做別人的貴人，但沒有貴人來救你。你自小家庭不富裕或家中有難、雜亂、窮困，而後漸漸復建、稍好一點。你凡事一開始遇到的環境都不佳，日後會慢慢的稍為變好一點。這要看大運是如何走法才能決定好的程度了。命盤格式是『紫微在申』的人，復建速度稍快一點。命盤格式是『紫微在寅』的人，因有『日月反背』的問題，復建速度較慢。

遷移宮有天相陷落

天相是福星，陷落時，不能造福而多災。你本身是廉破坐命的人、性格大膽、狂妄剛強，做事會為求目的，敢於耗費所有的資源去孤注一擲。在你周圍的環境中全是懦弱的小人和運氣不好的人。尤其是你容易碰到貧窮、勞苦、破敗、黑暗、爭鬥激烈、混亂、低下的層次的人。一生所遇到的環境都很差，『命、財、官、遷』有化祿、祿存等祿星或三合有『權、祿、科』的人，較能突破萬難而有成就，其他的人，則一生起起伏伏、疲於奔命，是勞苦大眾中的一群。

遷移宮有天相、擎羊

此人一生難安定、平靜，因此為『刑印』的格局，故你會有廉破輪廓剛毅的外貌，而性格懦弱怕事，易受欺侮。在你周圍的人有更多的凶悍、命窮之人，或是面善心惡、豺狼虎豹之類的人，對你虎視耽耽，你每天都在退縮、讓步、明哲保身。

遷移宮是廉破

在你出生或成長階段便有家庭破碎，或是出生在貧窮家庭之中，你是天相陷落坐命的人，一生欠安、勞碌、境遇不佳。會住在破爛、雜亂的房子和市井之中，出身不高貴。未來也會在爭鬥多、破爛、複雜的環境中討生活。你一生不富裕，總有破耗或背債，讓你還不清。你根本不能去投資。會遷移可能是戰亂或生活疾苦、活不下去而逃出去的。去投資也是會全部泡湯的。所以你不要在流年、流月稍為好過一點又自找麻煩，將積蓄付之流水了。

遷移宮是廉殺

你是天府坐命丑、未宮居廟的人。你周圍環境中的人是頭腦不聰明，有些笨，但會蠻幹、肯做事，也非常小氣的人。最初你一點也不瞭解他們，但慢慢你會找出相處之道，也能欣賞他們了。可是你仍會防著他們來做出對你不利的事，或來劫財。一生你都非常辛苦。不算很順利。

遷移宮是武破

你是天相坐命巳、亥宮居得地之位的人。在你周圍環境中的人，也可說是你所有時間遇到的人，多半是比你窮又耗財多的人。他們常向你借錢，或是覬覦你的錢財，也會有偷錢、侵佔的行為發生，常讓你忿忿不平、心情不好。你天生會理財、講求公平，但周圍全是些財窮又大膽、皮厚、愛佔便宜的小人，讓你氣憤不已。所以你要到外國投資、打拚，最初的時候是不順利的，常遭遇困難，要等很長的一段時間才會好一點。你雖是天相坐命的人，但天相的旺度只在得地之位，表示是剛合格六十分的福氣，並不很強，所以為福、呈現福氣的時間並不快速、較慢。你一定要有所準備才能應付得了。

遷移宮是武殺

你是天府坐命卯、酉宮的人，以武殺在卯宮受剋，而天府坐命酉宮居旺較好。武殺在酉宮強度會增強，命宮在卯宮，天府只居得地之位，天府就財庫較小，或較沒錢了。凡是遷移宮是武殺的人，都是『因財被劫』的格式，表示你周圍環境中的人，都是凶悍、財少、愛打拚，對你虎視眈眈，會來劫走你的財的人。這樣的環境只好讓你勞碌了。

所以你要去外國投資，肯定是初期或長期一直是在金錢壓力下，或用人不當的壓力下進行的，非常辛苦。只要你不怕苦，一直撐下去，年運好時，也會輕鬆一些。

遷移宮有天梁陷落

此種遷移宮有兩種命格。你會是天同坐命巳、亥宮的人，或是空宮坐命寅、申宮，對宮有同梁相照的人。這表示你一出生，家中人對你的照顧少，你也少得到長輩級的關愛。你比較容易得到平輩或晚輩的喜愛。你生性平和、不愛爭，有時奮發力也不足，隨遇而安，氣度優閒。因為有一顆天同福星居旺、居廟，在維護你，所以你喜歡享福，凡事無所謂，一定是有特殊的機緣才會讓你去移民、投資的。所以成敗你並不十分關心、在意。順其自然，倒也福氣天成。年運好時會有收穫，是別人幫你成功的。年運不好時，會失敗、虧錢。

遷移宮有太陰陷落

表示你會出生在一個不太溫暖、較窮困的家庭中，你自小與母親不和、緣薄與家中姐妹也不和。你周圍環境中的人也是對你情感表現很淡薄、人際關係不好的人，這些人更是錢財少、吝嗇、小氣、脾氣陰晴不定、起伏多變的人。所以這也造成你自己內心會有一些自卑感，不容易踏出去打拚。因為有『日月反背』的格局，會一生起伏不定、操勞奔波、東飄西蕩，一事無成。有這種遷移宮的人，要籌措資金去移民或投資，因周遭財少，較困難成行，也容易去到一個貧窮之地，賺錢辛苦，容易失敗。而且在人生中常常對你置肘阻礙你的是金錢和女人的問題。

遷移宮有太陽陷落

表示你會出身在一個沒沒無名、不起眼的小百姓的家中，或是家道沒落的家庭中。家中的男性、父祖輩可能早逝也可能都對你不算好，或是雖溫和、但不重視你。你一生中周遭的環境中和你爭鬥最凶、阻礙你最多的，就是男性。你在男性社會中沒有競爭力，有時你也懶得和他們爭。你在中年以後會有怠惰的情形，打拚能力是不強的。一生中也常有晦暗、運氣不好的狀況。你也是有『日月反背』的格局，你只會和一些沒有背景、內向、性格內斂、運氣不好，或是已過氣的人來往。無法和上層、檯面上的人、有權勢的人來往。你也會用一些暗地裡、背人耳目的方法來做事。因此你所得的利益皆是檯面下的利益。倘若你不會操作這些檯面下的技倆，那你就永無機會有出頭天了。

遷移宮有廉貪

表示你周圍的環境中的人是沒有道德規範，聰明度又不夠、打拚能力差、好吃懶做、品行不良的人。這些人貪心起來就會懵矇拐騙、胡作非為。而且你周遭的人全是運氣最差、惹人討厭，人緣、智慧最差、最不好相處的低級之輩。所以你也處在一個運氣最差、財少、處處惹人厭的地位。你一出生便學會看人臉色、會用巧言令色來討好人。但還常受到不好的待遇，你一生的境遇也都很差。如果遷移宮有『廉貪陀』、『風流彩杖』格的人，表示你容易在色情行業中棲身，也容易受強暴事件的影響，或喜好色情娛樂，一生難逃『爛桃花』的輪迴事件而影響人生。

遷移宮是廉貪的人，要投資、易受騙，人財兩失。他是因為有不當的貪心所招致惡果的。遷移宮是『廉貪陀』的人，要移民、投資，多半與色情行業、人蛇集團有關，多半是做不法的行業而形成的，也必會招致惡果發生。流年不佳，三合四方宮位多煞星時會命喪外鄉。

周圍環境好，投資煉金術也易成功的命格

遷移宮中有紫微星、天府星、天相居廟、天同居廟或旺、天機居廟或旺，武曲居廟，貪狼居廟或旺、太陽居廟或旺、太陰居廟或旺，天梁居廟或旺的人，都是遷移宮好的人，一生成功的運氣也大增。就算是有羊、陀、火、鈴等煞星同宮，環境受剋制，也不是最嚴重、最差的。

遷移宮有紫微星

遷移宮有紫微星的人，表示你一出生就在一個高貴家庭之中，也許你的父母是做官的人，或職位高的人。你的家庭富裕，你也是眾人期待，想望很久的小孩。你一出生就得到很好的照顧和尊重。父母和家庭中的人對你愛護備至。你一生中所遇到的人，都是格調高、體面、文化水準高、職位高、財力雄厚、社會地位高、品德好的人。至少這些人到

你面前來也會乖乖的、不敢搞怪的。而且你周遭的人都是運氣好、平和、祥和、能為你解決事情的人。你不須花太多力氣就在許多人之上了。因此投資容易成功，是最具有投資煉金術的人。

倘若遷移宮有紫微和羊、陀、火、鈴、劫空、化忌，這些煞星同宮，則環境中雖然出現的是表面上高貴、體面、富裕、位高權重的人，但內心險惡、會爭鬥，因此環境是華而不美，不實際對你有全然利益的。

遷移宮有紫微、擎羊

遷移宮有紫微、擎羊時，你周圍環境中出現的人是相貌高貴、體面、略為富裕、位高，但很會爭鬥、內心險惡、外表祥和、表裡不一的小人。你的人緣關係不太好，做人很驕傲、不合群。別人也對你不算太好。投資成功率會減半。

遷移宮有紫微、火星

遷移宮中有紫微、火星時，你周圍環境中出現的人，多半是相貌高貴、體面、略富裕，但爭鬥多、脾氣急而且壞的人。他們常發脾氣、火爆，但不一定聰敏。所以在投資的運作中是表相好，但略有困難要排除的。

遷移宮有紫微、鈴星

遷移宮有紫微、鈴星時，你周遭環境中的人，是外表體面、高貴、表面祥和，但多內心有鬼怪聰明、脾氣急躁，會報負人的人。小心謹慎投資會成功。

遷移宮有紫微、空劫

遷移宮中有紫微和天空或地劫同宮的人，表示你周圍的環境中的人是表面高貴、體面、權位高、富裕、冷淡，但不會真正幫你忙的人。對你的助力似有若無。你本身很少想到要投資。

遷移宮的紫微星在午宮居廟，在子宮居平，故也有層次的不同，會在其人的相貌、高貴、體面、富裕、權力高低的層次不同，對你有利的程度也會不同，這是必須注意的事。

遷移宮有紫府

遷移宮有紫府時，表示你外在的環境中是高貴、富裕的。你一出生便生在有錢人或地位高、生活水準高的家庭之中。此後一生，都不窮困、生活富足、水準高，也容易做大事業。若是要投資，也容易聚集資財、結交權貴和富人，走高等路線而成功。**當有陀羅和紫府同宮於遷移宮時**，會因慢和拖拖拉拉或笨，而使耗財較多，環境中易出現有錢、高貴的笨人。**當有地劫、天空和紫府同宮為遷移宮時**，表示你周圍的環境是富裕但不實際的，你取不到錢財花用，是海市蜃樓。你周遭也容易出現富裕但不實際的人。你常耗財或賺財不多。投資也會不成功。

遷移宮有紫貪

遷移宮有紫貪時，表示你周遭的環境是高貴、桃花多，注重人緣、愛做人與人交際應酬多的環境，但運氣不算頂好。而環境中的人是長相美麗、高貴、注重穿著、喜貪美麗、精緻物品、事物、桃花多、講究交際應酬、有些做作、運氣不算太好，但能平順的人。而且他們會自恃身份和你保持表面關係，高高在上、感情有些冷淡的人。你如果要移民、投資，就會撒下大把鈔票去拉關係、找利益，但不一定全部能回收。**有擎羊同宮時**，那些人更險詐了，完全不能回收，且易遭災、受陷害。

遷移宮有紫殺

遷移宮有紫殺時，表示你周遭環境中的人是地位高、體面、強悍，對你態度不佳、很凶、很冷淡，來往不多的人。**有陀羅同宮時**，這些人還很笨、腦筋不靈光。你如果想要投資，須用盡吃奶的力氣、拚命埋頭苦幹，要花長時間的努力才會有成功的果實。有地劫、天空同宮時，傻傻的埋頭苦幹也沒用，根本沒有成果。再說你也不會太努力專注於任何事情，你是根本不實際的人，不會去投資。

遷移宮是紫破

遷移宮是紫破的人，表面上你所遇的環境是外表高貴、華麗、位階高、或是富裕的景象，實際內裡是爭鬥多、詭譎狡詐或有破碎、破爛、不完美、破耗嚴重、外華內虛、維持假象的狀況環境。在你周遭常出現的人也會是看起來位高或權重但品行不佳，或是長相氣派卻粗曠、豪放不斯文的人，或是言行不一致、愛虛誇自己、卻沒有實際能力的人。或是長相不錯，卻耗財多，對你不利的人。或是陰險狡詐、疑神疑鬼，卻手握權柄的人。因此有這樣遷移宮的人，相對的，自己本身也會疑神疑鬼，常懷疑人，把別人想得不好、很壞。常認為世界上沒一個好人，但又對這種強勢、好眩耀、耗財多、對自己並沒有大利益的人很佩服。所以你在內心是矛盾的。在你要去投資的時候，你會一下子便相信了對方、一下子又不信任對方，將信將疑，而搞出更多事情出來，以致於成功的機運是打對折的。

遷移宮有天府星

遷移宮是天府星的人，你的命宮中都有一顆七殺星存在。天府是財庫星，要看所坐的宮位，亦有旺弱之分，但無陷落，因此會分財庫的大小和財富的多寡。**遷移宮有天府星**，表示在你周遭的環境中就是一個財庫，在等待著你去打拚、奮鬥、賺錢。而且你出外會遇到的人也是保守、小氣、錙銖必較，很會存錢、理財，也富裕，有財可理的人。

一般來說你周遭環境中的人都是薪水族或公務員，有固定薪資可領，長期積蓄可致富。周圍的人是一板一眼、講求實質利益、公平、按步就班的人。只要沒有羊陀、火鈴、劫空、化忌入內，你便可與正直的人為伍，所遇的環境也不差，循規蹈矩，慢慢來，一定可賺到錢，有富裕的日子可過了。所以先找到工作再遷移是最穩當的了。要投資則對你不利。你若是武殺坐命的人，遷移宮雖有天府星，但你本命是『因財被劫』的格式，對錢搞不清楚、易被劫財，故不適合投資。你若是廉殺坐命的人，你是保守、小氣、有點吝嗇的人，也不會去投資，除非是不需花錢、插乾股，或用體力、勞力投資，你才會去做。你是鐵公雞、一毛不拔的。命、財、官再有多個煞星相照時，是頭腦不清的人，投資必有敗局，也難善後。**命宮是紫殺的人**，也是會做花體力較多的工作的人，投資會投資在器材上、要年運好，才會有成功收獲，但一般也不適合投資，因運程起伏太大，容易失敗。

遷移宮是廉府

遷移宮是廉府的人，你是七殺坐命辰、戌宮的人。你出身寒微，一生靠自己的交際方式討生活。你周圍環境中的人是喜好運用交際手腕、彼此拉關係，但智謀平庸，只有小康型態富裕的人們。所以你選擇移居時，也會和當地的人建立良好關係，也會賺到錢。你若想投資，絕對是你周圍的人提出投資計劃，邀你來參加，經過你的計算合格，才會參與的。你不會單槍匹馬的一個人獨自去打天下，到外地去投資。

遷移宮是武府

遷移宮是武府的人，你是七殺坐命子、午宮的人，在你周遭中常出現非常有錢的富人或商人。在你的環境中是富裕、財多，算錢算得很精，有錢卻小氣、剛直、守信諾的環境。你周遭的有錢人也是剛直、精打細算、守信諾的人。因此你無論走到那裡都很會賺錢、聞得到財路，結交到能使你生財致富的人。運氣十分好。倘若遷移宮中有擎羊星和武曲化忌、天府同宮，則是在你的環境中的人不是太有錢而且陰險、狡詐及有錢財是非問題，或有債務問題的人，所以你所賺的錢財也會打折了，也會有金錢困擾。在投資問題上要小心失敗了。

遷移宮是天相

遷移宮是天相居廟、居得地之位的人，表示你外在的環境中的人，是溫和、會理財、公正、體面、正派的人。你本身命宮中會出現破軍星，所以你善於打拚、奮鬥、開疆拓土。周圍的人都溫和、善於幫你做善後事務，而且非常配合你、幫助你。天相也是一顆福星，故你只要外出，便有福了。很適合投資，你可隨遇而安。

遷移宮是廉相

遷移宮有廉相的人，表示在你周遭出現的人，常是智慧、智謀、營謀能力不強的，大體上理財還不錯，是一板一眼、內向的人，因此你有領導他們的能力，他們也會馬首是瞻、順從你、聽服於你。你是破軍坐命子、午宮的人，你的智慧高、有智謀、膽大、豪放。敢於為達目的不擇手段，因此你周圍的人都會臣服於你。

但是倘若有擎羊在你的命、遷二宮出現，就是『廉相羊』、『刑囚夾印』的惡格，你就會懦弱、膽小，會有官非纏身、問題嚴重，不適合投資了。如果有文昌、文曲出現在命、遷二宮，也會有窮困的心智和人生歷程，也無法去投資了。

遷移宮是武相

遷移宮有武相的人，你外在的環境是中等小康、富足、平順享福的環境。在你個周圍環境中的人是有些剛直、又是好好先生之類溫和的人。他們很會理財，常幫你平衡財務問題。也會很勤勞的幫你料理一些瑣碎的事情。其本上你是一個有福氣、愛花錢、破耗多，但有人為你出錢、出力的人。倘若有武曲化權在遷移宮就更好了，你會在主管錢財或政治性掌權的機構做主管的位置。你也可能做軍警業的高級主管。你周圍的人全是有權力的人或是管財務、管錢的人，他們是富裕而溫和、理財能力很好的人。倘若有武曲化祿在遷移宮中也很好，你肯定完全在財多的金融機構工作、薪資很高、生活富裕平順，人緣也不錯。**倘若有武曲化忌、天相在遷移宮的人**，你一生都在錢財是非或債務中打滾、力求平順。因此遷移宮中有武相的人，只要沒有化忌、劫空同宮，就一定俱備最好的投資的條件了，不論走到那裡都輕易的能賺到錢，生活平順富裕。

遷移宮為天同

遷移宮有天同星居廟或居旺位（天同在巳、亥宮或同梁在申宮）

的人，表示你外在的環境祥和，你也喜歡偷懶、享福，不喜歡競爭或爭鬥的事情，凡事順其自然就好了，也不強求，故打拚、奮發的力量不足。這更表示你周圍環境中的人都是溫和、好玩、有孩子氣的人，或者是非常世故會寵愛你的人，不願意要求你、讓你不高興的人。因此你會我行我素、根本不懂、也不想要去做一些大事。你會投資，一定是跟隨家人或朋友一起行動的，你只是搭順風車而已。你的脾氣好，縱然遇到險境、失敗了，會發一些牢騷，很快的便忘記了。你周圍常有福星、貴人出現，可以帶領你趨吉避凶。

遷移宮有天機

遷移宮有天機居廟或居旺時，表示你外在的環境是多變化的，是會愈變愈好的，雖然起先看起來變動太激烈、太快，似乎會產生災害，但是稍經一段歷程、最終還是會變得對你有利的。亦表示在你周圍的人，是聰明、厲害、情緒起伏大、主意多、善變的人。同時在你周圍也多薪水族、上班族的人。你也會遇到一些爭鬥、相互比較、搞怪的事情，但都最後可化險為夷。故你最喜歡參與出外投資了。多變化的環境也會讓你興奮、感覺有趣。你也會頭腦聰明的想變來變去，以增加對自己有利的籌碼。

遷移宮有貪狼

遷移宮中有貪狼星居廟或居旺的人，表示你外在的環境中好運很多。而且是個奔波動盪不安、人緣特佳、靠人緣關係及機緣的開拓發展而建立無數的機會。因為好運太多，你在外面也很貪心，故有不斷的爭戰、努力在持續進行。你周圍環境中的人是性格強、人緣好、有無限的好運及貪心、有奮發力、打拚能力，不斷的往上游、高處奮發上進的人。

所以這種人在投資的過程中是適應力最強，最能找出賺錢企機、賺錢門道的人。他們無時無刻不在努力，表面上人緣很好，又與人保持特有的、固定模式的距離，是隨時掌握好運和好命的人。至於對他無益的人，他會使彼此間的距離愈來愈遠。因此當此人在異國、異地奮鬥時，他像在叢林中溫馴的小鹿在喝水、隨時眼觀四方、耳聽八方、十分警覺周遭的訊息。並且他們對好運的敏感力特別強，不但天生具有好運的機緣，並且他們也不時的、時時刻刻的在為自己創造更好的機緣，這也是為什麼他們的好運比別人來的多的原因。

遷移宮是武曲

遷移宮中有武曲居廟的人，表示你一出生就出生在非常有錢的富裕家庭，一生中也是在金堆銀堆中打滾、不知貧窮為何物。

你是貪狼坐命辰、戌宮的人。你周圍常出現剛直、重承諾的有錢人。你是多少有點勢利的人。只喜歡與財多氣粗者來往、不喜與窮困者來往。但你周遭的人對賺錢、算錢有一套，也在人情世故方面比較冷淡，同時也常發生爭利和政治性爭鬥的問題。此種人在去投資的時候，較易撒下大把銀子和當地的政治當權派談條件。未來也會回收，時間較長或慢一點，但回收時的利益、效益非常之大，會讓別人訝異和艷羨。

遷移宮有太陽

遷移宮有太陽居旺或居廟的人，表示你外在的環境像陽光普照大地一般，永遠十分明亮，而且希望無窮、生生不息，運氣特好。也表示你外在環境中所遇到的人，都是性格開朗、豪爽、正直、無私、博愛、對人熱心、有熱忱、大方、不計較別人是非、性格寬宏、肚大能容，會寬恕別人的人。而且你在外遇到的男性對你特別有緣、磁場相同，他們對你特別好，會無私、熱心的幫助你。你在男性社會中特別具有競爭力，男人會擁護你，使你具有領導力。你的機運比別人好太多，你具有特殊的魅力、吸引力，尤其是對性格特別陽剛或陰柔的人或男性族群有特殊的魅力、吸引力。你若出外投資，也會因為性格上受人歡迎的特點，使自己運氣旺、吸引特別陽剛或特別陰柔的人，或是男性來對你仰慕而主動伸出援手來幫助你。所以這種人在出外投資時，所到之處，皆是受人喜愛、尊敬，到處有好運機會。他自己本身也能替別人帶來無限希望與陽光的人。此種人容易和上層階級或有官位的人、主政者、掌權者接近，也能得到這些人的信任、友好。所以在外開疆拓土是無往不利的人。

遷移宮是太陰

遷移宮是太陰居廟或居旺的人，表示你外在的環境是一個富裕的、有家財的，又具有溫柔蜜意、多情來呵護你的環境。在你周遭環境中所會遇到的人，是較陰柔的、敏銳性特強的、情緒易起伏的、感情糾纏的、與女人特別有緣的、具有儲蓄、房地產等資財豐厚，對錢財敏感、善於計算、儲存的人。也是重情不重理的人。所以你無論走到那裡，會敏銳的感覺出別人對你好不好，以及賺錢方面發展的潛力。你比較會做長期的投資，並不急於立刻回收利益。你也會用人情方面的特長去開拓人際關係。當然你更精於送禮和送紅包來拓展人情，打通關節。所以無論走到那裡，你都會受到別人溫情的對待。而且女性對你最好，你有吸引她們的魅力，你和女性的磁場較相合。同樣的亦有異性相吸的作用，男性、陽剛的人也會受你吸引而喜歡你。你在賺錢方面有特殊的敏銳力。你不會做短期性利益的操作，或是打帶跑的作風來投機取巧。而是會用自己的敏感力，做長期投資、慢慢回收。所以長期耕耘的結果，你後面的利益是無法估計的，也是千秋萬代、源遠流長的。另外，你還喜歡買土地，所以這也造成必須在當地移居投資須長期耕耘的必要了。

遷移宮是天梁

遷移宮是天梁居廟或居旺的人，表示在你周圍環境中是具有深切信仰的環境。你有時信仰神、有時信仰人。也表示在你周遭環境中是信仰名聲、慈愛這些高超人格、思想境界的環境。更表示在你周遭環境中是貴人多的環境。貴人多，表示是非、麻煩也很多，貴人幫助你一件一件的去除。另外也表示在你周遭所遇到的環境中的人，是照顧你的人、比你年長的人、和女人較多的人。這些人是注重名聲、追求上進、喜歡追求知識、提升文化水準的人。同時也是有堅定信仰、正派、會獨立思考，有己見、有見識的人。你一生有蔭庇，有父母、長輩的照顧。未來，無論你走到那裡，都會受長輩、上司的喜愛。願意幫助你、成全你。因此在投資的過程中，你是容易事事過關、有人相助，而能平順，佔有好運的人。

由上面這些『不好的環境』和『好的環境』相互比較起來，你是否覺得人一生的成敗，似乎已在出生時的一煞那，已經決定了一切了呢？仔細想想！也正是如此。遷移宮像是人生命的資源財庫，決定了人生存的模式。生存的不好，自然是生命資源少的人。生存的好的人，自然是生命資源豐沛的人。倘若你的遷移宮不算很好，或是根本不好，這也是會影響到你向外發展的難易度的。你只好針對，根據遷移宮內所坐之星曜的內容來加以改善。例如保守、不愛動的人。用你的才華、智慧來改善它。例如爭鬥多、是非多的，也利用敏感力和多用腦子、勞心勞力來改善它才行。

紫微命理子女教育篇

法雲居士⊙著

《紫微命理子女教育篇》是根據命理的結構來探討小孩接受教化輔導的接受度，以及從命理觀點來談父母與子女間的親子關係的親密度。

通常，和父母長輩關係親密的人，是較能接受教育成功的有為之士。每個人的性格會影響其命運，因材施教，也是該人命運的走向，故而子女教育篇實是由子女的命格已先預測了子女將來的成就了。

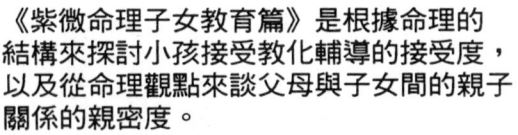

第九章　投資煉金術第八步

——本人方位磁場也影響投資內容

方位磁場的形成

世界三大人類文明的發源地中國、埃及、希臘等古文明，無一不是從敬鬼神的宗教活動中繁衍出燦爛的文化精髓的。每一種古文明也各自發展出屬於自己的、各自不同的曆法、星象、科學的脈絡出來。這些經驗和知識的累積，其實就是在研究生命所處的環境。

中國人在研究屬於中國人特殊環境下影響到生命的環境、預測生活的吉凶、鑄造人類良好的精神與實質生活的境遇方面，也是不遺餘力的，因此發展到後來形成中國獨特的風水學和命理學。**伏羲氏從觀察天地山川**，日月星辰、四季寒暖、晴雨變化之中，做成了八卦。現在的人將之稱為『先天八卦』。後來周文王姬昌將之修改，成為『文王八卦』，也就是現在我們俗稱的『後天八卦』，這也是易經的內容和法則，也稱做『周易』。

第一節　卦位的方向就是磁場的方向

卦位的方向就是磁場的方向。

不論是伏羲八卦，或是文王八卦，都有八個卦位，分別代表八個方向。**這八個卦位方向就是：**

乾卦（代表西北方）
坤卦（代表西南方）
離卦（代表南方）
坎卦（代表北方）
震卦（代表東方）
艮卦（代表東北方）
巽卦（代表東南方）
兌卦（代表西方）

先天八卦

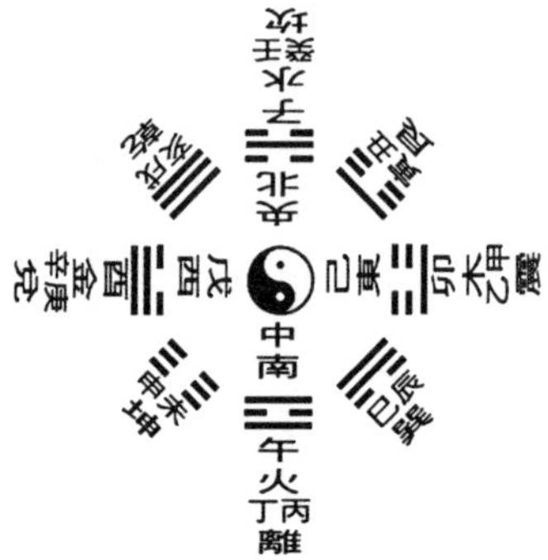
後天八卦

伏羲氏的先天八卦和文王八卦在卦圖上有些不一樣，先天八卦的坎位（北方）是在下，而離位（南方）是在上的。文王八卦的坎位則已修改放置在圖的上方，而離位（南方）在下方了。我想：伏羲氏在觀察山川地形的時候是站在高度往低處看的，而中國的地形形態是西北地勢高，東南較低的形勢，站在高處的人自然往低處看，因此面向的是南方，自然把南方（離方）擺在前面，而背後坎方放在下面了。伏羲氏的歷史是紀元前的歷史，查無可考，也許經過萬年之久，到了黃帝軒轅氏時，發明了指南針，又經過了一千多年到了周文王時期，我想是因為指南針的頻繁應用，對南北的方位有了新的瞭解，文王才將此卦改成坎北、離南，合乎地球上的真正正確的方位了。

為什麼要談卦位呢？**因為卦位就是方向學**。而在地球上的大磁場，就是要以方向、方位來表示的。南、北兩個方向中的連線就是子午線，就是和地軸平行的。地軸就是主要的磁場。

自古以來，中國人就重視方向、方位學，這和磁場有關。大家都知道地球的地軸是呈二十三度半傾斜的，所以真正的北方和南方也是有二十三度半的差距。目前我們生存在地球上的人，是純以地軸為主要的磁場依歸。也就是說地球上的人類就是以地軸為主宰生命的磁場。

第二節　投資煉金術的磁場方位看法

每個人都有屬於自己專屬的帶財的磁場方位，我們怎樣知道自己的『帶財磁場方位』呢？這是由生辰八字來的。也就是由每個人的出生年、月、日、時所推斷出來的。

在八字學中，每個人出生時環境的形成，是由每個人出生的那一天，**日主的天干，代表你本命的元素**。例如你出生的那一日是甲辰日，你就是本命是甲木的人。當然，出生日是甲子、甲寅、甲辰、甲午、甲申、甲戌的人，也都是本命是甲木的人。又例如你出生的那一天是辛卯日，你就是本命為辛金的人，自然出生是辛丑、辛卯、辛巳、辛未、辛酉、辛亥日，也都是本命是辛金的人了。

每個人出生時環境的好壞、吉凶，也就是看此人所屬本命五行是否得氣。例如日主是甲木的人，要生在春天木旺的時候，就是得氣的。日主是金的人，如庚金、辛金，就要生在秋天是得氣的。日主得氣生旺時，此人一出生就會環境好，得到父母的寵愛，家裡環境較富裕。

每個人因為出生時的時間（生辰八字），和出生地的不同，形成屬於個人專屬的生命磁場。這個屬於個別的生命磁場體系，在出生時面臨第一次考驗。生命當呱呱落地時，就面臨第一個地球上的新環境。出生時間合宜的（生辰八字為建祿格的），將得到家庭中父母長輩的喜愛，在幼年、少年時代生活愉快、富裕，這也直接影響到其人日後的人格發展。

出生時間不合宜的人，例如日主是甲木、乙木，生於夏季枯槁之月。丙火、丁火生於秋冬之月。日主庚金、辛金生於春夏之月。壬水、癸水生於夏月枯竭之月等等。其人在出生時第一個面臨的環境就會不太好，可能和父母不和，要白手起家，家窮，得不到太多來自家庭和父母長輩的助力。倘若刑剋嚴重的，就會幼年失怙、失侍，無父無母，也會及早離家，到外地闖蕩。八字中各柱刑剋太多的人，會短命，或傷殘，亦或從僧道。這些都是人先天環境的影響。也是個人專屬磁場的形成，和周圍環境相互激盪的狀況。

人長大以後要自立，要外出打拚，將面臨到不同的環境。也會因為自己個人的專屬磁場問題，產生和所遇到的環境中的磁場相互摩擦和融合狀況。有摩擦的，其人打拚就份外辛苦。有融合狀況的，比較幸運、壓力少。但是決定人是否會成功、有豐功偉業的人，則是要看個人專屬磁場的強弱和堅定力夠不夠而定了。這就是我們一般所俗稱的『八字好』，或『八字不好』所籠統的講法了。

每個人有自己先天的專屬磁場之外，還有另一種修正後的磁場方向。怎麼說呢？每個人出生的那一天的日干和出生月份代表是你先天專屬的磁場。**而你的喜用神方位是修正後的磁場方位**。喜用神是把你的生辰八字綜合起來的各項優缺點加以補正之後，可以真正幫助你、促進你生命發展順利、暢旺的精華、要領。是故喜用神的方位，才是你真正可得財、得吉，確切的幫助你達到人生高峰的磁場方位。

你如何知道你的喜用神方位？就是要利用你自己的生辰八字，加以演算，來找出財方和吉方。

（請看法雲居士所著《如何選取喜用神上、中、下三冊》）

喜用神是壬水、癸水的人

吉方、財方是北方。吉方還有西北方、西方。

忌方是南方、東南方。

吉祥色是白色、黑色、水色、藍色、金色、銀色。忌紅色、土色。

吉方的代表區域：是歐美地區、美國、加拿大、瑞士、義大利、英、法、阿拉伯、摩洛哥、以色列、日本、韓國等國，中國大陸北方、北京、東北、上海、新疆、西藏、四川等地，以及台灣北部，台北等城市。以及五行屬水的城市。以及台北、北投、天母等地區。

忌方的代表區域：是泰國、越南、新加坡、南半球、菲律賓、中國南方的廣東、福建、廣西等地，以及台灣南部、高雄、台南、屏東等城市。以及五行屬火的城市。以及台北南區及中、永和地區。

喜用神是丙火、丁火的人

吉方、財方是南方。吉方還有東南、西南亦可。

忌方是北方、西北方。

吉祥色是紅色系列、咖啡色等。忌色為黑色、白色、藍色等寒色系列。

吉方的代表區域：是泰國、新加坡、菲律賓、南半球、中國南部的廣東、福建、廣西、深圳、香港等地，以及台灣南部、高雄、台南、屏東、桃園、內壢、苗栗等屬火的城市。以及台北南區、中、永和、南港地區。

忌方的代表區域：是歐美地區、英、法、美加、義、阿拉伯、摩洛哥、以色列、非洲、日本、韓國等地。以及大陸北方各城市包括北京、上海，五行屬水的城市，以及台灣北部、台北北區及北投、天母等地區。

喜用神是甲木、乙木的人

吉方、財方是東方。吉方還有東南方。

忌方是西方。

吉祥色是綠色、檸檬黃。喜用神需火木助旺的，吉祥色可包括紅色。**喜用神需水木相生的，**吉祥色是可包括水色、藍色。忌色是白色、黑色、金色、銀色。

吉方代表區域：是東方、東部，包括中國大陸之東部、江、浙一帶，日本地區、也包括台灣東部、花蓮、蘇澳等地，以及台北市東區、內湖等地。

忌方代表區域：是西方、西部。包括新疆、四川等地區和歐美、英法、美加等地，以及阿拉伯、以色列等地，也包括台灣西部地方或五行屬西的城市，例如新竹或台北西區、新莊、三重等地。

喜用神是庚金、辛金的人

吉方、財方是西方。吉方還有西北方。

忌方為東方、南方。

吉祥色是白色、金色、銀色。忌色為綠色、紅色。

吉方代表區域：是西方、西部、西區。包括歐美、西歐國家、英法等地，也代表中國大陸、新疆、西藏、四川、青海等地，亦包括台灣西部，或五行屬西的城市，及台灣西部、雲林等地，或台北市西門町、新莊、板橋等地。

忌方代表區域：是東方、東部、東區。包括中國東北及日本、韓國、東南亞地區。中國的江浙閩等省，山東、東莞地區，以及台灣東部，蘇澳、花蓮、宜蘭，台北市的東區、內湖等地。以及市名稱中有『東』字的地方。

喜用神是戊土、己土的人

吉方、財方是中部、中區。喜用神是戊土的人，吉方還有南方。喜用神是己土的人，吉方還有西南方。

忌方是東方、東北方。

吉祥色是土色、咖啡色、淺咖啡色、黃色。忌色是綠色、水色、

金色、銀色。

吉方代表區域：是中部、中區。包括土耳其、伊朗等國，中國的中部、陝甘黃土高原、黃河流域、內陸地區。城市如延安、蘭州等五行屬土的城市，台灣中部、台中、土城、員林等城市，台北地區的中區，南區等地。

忌方代表區域：是東部、東區。包括日本、韓國、中國東北、中國東部、江蘇、浙江地區、揚州、台灣東部、花蓮、台東、蘇澳、宜蘭地區、台北市東區、內湖地區等。

由以上的列舉中，你就可以找到適合自己待的地區和城市，也可以找到自己利於求財的地方和城市了。

第三節　團體磁場與個體磁場謀合的問題

任何一個公司，不論公司的大小，在做出赴他國投資時，都是在做出重大決定的時候。相對的，任何一個人，在做出投資、遷徙他國的決定時，也是攸關改變自己家庭成員各個生命，會產生在人生一生中決定性變化的重要時刻。

有時候，公司企業和家庭中的決策者為了自己的需要而堅持往他國投資。家中的小孩或公司中的職員是沒有辦法有異議的，也常是不被考慮到的。因此在一個公司企業的組織上、和家庭凝聚的向心力上，是很容易產生鬆散的結構。再加上初期陌生環境的適應問題，還有各個人對環境應變的能力好壞的相沖激，在投資的初期便少有順利和成功的好景了。公司企業中如果帶去的幹部，適應不良，會請辭回家。家庭中的成員卻不見得可全身而退，往往在自己不適合的磁場環境中辛苦的生存，一生也都浪費了，或是與家人不和，即早離家與家人分散。

投資幹部要選對磁場方向

在一個公司、企業體要赴外國、外地投資時，應早早選用合於當地磁場的幹部人員帶過去任用。因為磁場與當地相合，工作會得心應手，上手得快，開展起來比較順利。**例如要到大陸北方北京、上海等地、歐美國家投資的老闆和主管**，自己本身最好就是喜用神為金水格局的人。再找命格是金水格局的部屬，一同前去打拚，才會如魚得水，開展的快。發展順利、賺錢回收也又快又多。千萬不要找木火格局和火土格局的人，這些人到了北方，北方就是忌方，易發生危險，工作也不順利。**往往一個木火格局的人**，在台灣時工作賣力，奮發上進的人，但是到了中國北方或歐美國家，反而使不上力，變得塞責推諉、拖拖拉拉，心情常不愉快，拚命埋怨別人的不是。有時候老闆想，他可能是患有思鄉情緒的關係吧！怎麼也會想不到居然是磁場不合的問題。

磁場不合、水土不服

磁場不合的問題，最常見的就是『水土不服』了，吃東西會拉肚子，情緒不好，人緣關係受阻，常發脾氣，生活中有非常多的困難。

有一位老闆急著要到中國大陸去開發電腦軟體的市場，他本身喜用神是需金水的，很適合在中國北方發展。他卻找了一位喜用神為火的朋友做屬下，要一同前往北京、上海、新疆、廣州等地做據點，找辦公室。他來請教我，第一個據點設在那裡好？是在北京、上海呢？還是在廣州？

我問這位老闆：你會親自留守大陸的辦公室來打拚嗎？還是交給部屬去做呢？他答說：他自己不會長留在那裡，只是二、三個月去看一下，大陸的事情全交給他的朋友部屬做。這樣一來，留在大陸辦公的真正主導事務者，就是那位喜用神是火的朋友了。當然就要以南方的廣州為第一個據點來找辦公室了。而且以後要往北京、上海設點，最好還是老闆親自督陣較佳的。因為他的朋友屬下喜用神屬火，吉方、財方在南方，北方是忌方，自然北方的北京、上海是不合宜的，而且會打拚辛苦、收穫不多的。再加上北京、上海的房價很貴，倘若整年的收入無法打平，就有敗北的情況出現。**中、小企業移外投資時**，有的成功、有的失敗，大多也源自於磁場不合的先決條件而使然的。大企業的資金雄厚，經得起耗損，再加上人才濟濟，人才多，命格中有金水格局的人和木火格局等各方人士也多，因此成功率也較高，但這仍是要用對人，才有事半功倍的效果。

行業所代表的磁場方向要與方位相合

另一方面所做的行業也有別，就像電腦是屬金的行業，在台灣的新竹科學園區很發達、蓬勃，因新竹五行就屬金。電腦業、晶圓廠到大陸北方、北京、上海就很適合發展。台灣台南的科學園區一直發展落後，當然一方面是基礎建設落後，基礎條件不足，另一方面台南屬火，有火剋金的問題，所以台南科學園區始終是不可能與新竹科學園區並駕齊驅的，也會差的很遠的。

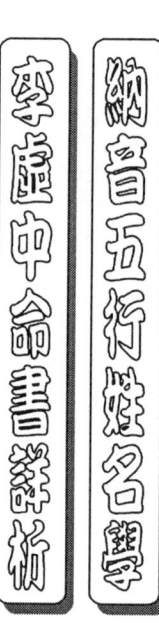

行業與磁場方向相應方位

屬金的行業適合往西方、北方發展

屬金的行業有五金、鋼鐵業、工具材料業、律師業、汽車業、金融業、電器、電料、電腦、科學、科技業，珠寶業等適合往歐美地區，西方國家，或阿拉伯、以色列等國，以及中國大陸的新疆、四川、北方、北京、上海等五行屬金水的城市發展。在台灣則要在台北、新竹、台北北區、西區較佳。

屬水的行業適合往北方、西方發展

屬水的行業有航海業、運輸業、漁業、水產業、冷凍業、冷凍食品業、旅遊業、表演業、音響業、旅館業、記者傳播業等，適合往歐美地區，西方國家，或以阿地區等國，以及中國大陸北方城市如北京、上海，或東北及新疆或城市名稱或五行中有『水』字的城市等地發展。在台灣則是北部、西部地區，台北市的北區、西區較佳。

屬木的行業適合往東方、東區發展

屬木的行業有書店、文化事業、學校教育行業、公務員、政治界、植物種植業、栽培研發業、木料業、傢俱業、裝璜業、紙業、青果商業、藥物發展研發業、生化科技業、醫療業、布類買賣業、宗教業等，宜在東方的國家發展，如日本、韓國、中國大陸的江浙一帶，或城市、地區名字五行帶『木』或『東』字的城市，如廣東、東莞等地區。在台灣地區，則應選城市中的東區為佳。

屬火的行業適合往南方、南區發展

屬火的行業有電廠、燈具業、光學業、石油業、煉油廠、製油廠

（包括製食用油廠）、酒廠業、熱飲食業、餐廳業、食品業、修理業（包括汽車修理、鞋業修理、一切的修理業）、衣帽業、化妝品業、美容理髮業、電影業、歌舞表演業、KTV業、印刷廠、雕刻業、心理諮商等業，宜往南方的國家和地區發展，例如新加坡、馬來西亞、泰國、越南、香港、中國南方、廣東、福建、廣西等地。在台灣南方如高雄、台南等地。若是在台北市則要在南區，或中、永和一帶較佳。

屬土的行業適合在中部、中區發展

屬土的行業有建築業、房地產業、畜牧業、礦石業、農業、飼料業、當鋪、古董業、鑑定業、領導事業、防水事業、人才仲介業等，宜在中土地區發展，例如中東地區，或中國大陸長江和黃河流域之間的城市地區，五行屬土的城市等。在台灣宜在台中地區。在台北市，宜在中區或中和、土城等地。

每一個公司行號、企業體，都以老闆、董事長的喜用神方位做為公司發展最宜的方位。因為老闆、董事長是公司、企業體的龍頭、舵主、掌舵的人。小公司在公司管理階層十分清楚，都直接由老闆掌舵。因此直接看老闆的喜用神財吉方位，便能立即瞭解明確方位。但許多大公司、企業體的董事長是任期制，聘任二、三年或一年一任便要換人。

如何來找公司的財吉方位呢？

其實這也簡單，如此大的公司體制在對外投資時，便應尋找適合當地方位的主管、主事者。例如要到中國大陸北方，或歐美地區投資拓展業務，便要找命格喜用神是金水格局的人做主管領軍。要到東南亞、泰國、越南、新加坡、馬來西亞、菲律賓、印尼，以及中國大陸南方的城市、香港、海南島等地投資者，便要找命格喜用神是火格局的人做主管領軍主事，便凡事會順利的多，也易成功。

就像多年前政府開放電腦八吋晶圓赴大陸設廠，原先許多台商已在蘇州旁的昆山市已建立了工業區的據點。昆山五行屬金，自然非常適合電腦業的發展。而且電腦產銷的通路又大部份是歐美國家，因此在地利上是會佔了先天的優勢。如再能找到喜用神合用的主管階級之幹部，事業飛煌騰達，指日可待。

※中國命理方位的設定是以開封為命理中心，台灣地處大陸東南是木火之鄉，故東南、西、北的方位也是以開封為準的。

做世界公民也要注重同住的、或家人的磁場方向

現今世界交通的發達和來往頻繁。許多人至國外讀書或工作，在

國外住個二、三年，再回國服務或生活，這些都屬於暫時性的世界公民。因為你待的地方，時間最久的，才算是你的真正生存棲息地。另一種人是在某地待上十年、八年，或是二十年又換了生活的地方，例如李遠哲先生在美國住了十數年回台，在美國時期就是長時間的公民，又回到出生地。另一種終身公民是從出生地到另一個地方，便不曾離開，稱之。像從唐山過台灣的人在台灣紮根終身，未曾再返回鄉的人就是。

目前有許多人因為飛機的快速，解決了距離遙遠的問題。有一些人雖已移居美加、澳紐等地區，仍是常來回於台灣。有些人把妻小放在外國，自己卻來回於兩地奔波工作賺錢。這主要是因近年來東方比較能賺到錢，未來世界經濟的重心會在東方之故。

某些人也因為工作的需要，公司的派用，在兩岸間穿梭，有些人覺得如此很麻煩，家庭妻小常牽掛，便一起遷往大陸同住，一家人也當起移民。

目前台灣也存在著許多外國籍人員在此工作、生活的人，例如很多幼教團體請一些教英文的外國人老師、菲傭、外勞，以及大陸新娘、越南新娘等等。

這些新興的新住民階級和以前早期的住民是很不一樣的，因為時代和觀念，和經濟狀況皆不同了，但是移民、遷徙的活動仍是要注意時間點和方位是否適合的問題。

當你個人遷移時，你只要注意你一個人的方位是否適合就好了。注意你一個人的大運、年運就好了，比較沒有太大的問題。倘若是一家人遷移，就要注意要新住的地區是否也適合家庭中的其他成員。否則那個不適合當地的家人成員便會過得很不順利，會耽誤了他的大好人生。

例如：

有一位父親因為離異後，害怕前妻再來糾纏，所以把年僅三歲的兒子帶往美國就學，並把自己的父母安排在美國照料兒子。起初幾年小孩還很乖，很聽話，但在進入叛逆期後，便和當地的不良少年廝混。祖父母年老了，管也管不了，只是偏袒，小孩至二十多歲了，書也早已不唸了，且無所事事。很讓這位父親煩心。便叫兒子回台灣來，親自看管督導。這位父親在台灣已是有名氣的人，又害怕兒子吃喝嫖賭的敗行給自己丟臉，每日過得心驚膽顫。便來找我替他的兒子算算命，看看是否有機會使小孩變好。

在論命的過程中，我們首先便發現了這位年輕人的喜用神是需火格局的人。並且行運的走向也不好，他是太陽居陷坐命亥宮的人。

幼年、少年、青年走太陽陷落、破軍、天機陷落的運程，一直不順，所以會被送到一個喜用不合的方位的地方去生活，而生活得辛苦。中年以後會變好。人年紀大一點以後也比較會想。在台灣也許也較有發展的空間。

例(二)

這是多年前我出國在機場遇到的一個例子。一對年青瘦弱的夫婦變賣了台灣南部的一點家產，帶著兩個小孩去阿根廷投資，去投靠早先去那邊的朋友，聽說那邊的土地很便宜，很容易便可開個大農場，抱著滿心的希望而去，結果事與願違，到了目的地，因為言語不通，一直寄居朋友處幫忙，無法開展自己的農場。拖了一年，後來有一天，有一個小的小孩肚子痛，當地又地處偏遠，醫療設備不足，三天後才能進得了大醫院看病，但已回天乏術，他哭著說：在台灣那裡會聽過因盲腸炎而死人的呢？所以真是後悔來投資了，也讓他失去了一個寶貝兒子。所以一家人又回台灣了。這對夫妻的知識水準不足，思慮有欠周詳固然都是問題，但是誤入忌方而遭災，那位小兒子是誤入死方，才會客死異鄉。所以為人父母的人，在投資時要多為家人子女注意一下才行。

例(三)

在數年前，**有一對在加拿大讀書的吳姓姐妹在住處被侵害**，姐姐被殺死、妹妹也受驚過度，恐很難恢復，這也是誤入忌方的緣故而遭災的。

在台灣生長的人，有絕大多數的人是命格趨向木火格局的人，尤其是生於秋冬之季、農曆七、八、九、十、十一、十二月時的人。在大暑之後出生的人，多半命格需火。只有命格中支成火局，或支類南方，八字支上有巳、午、未俱全的人，是命格火多，需要水，喜用神是金水格局。因此很多人喜歡去加拿大、美國、紐西蘭移民，則要小心家人中要是為需火恐急的人，是不可以去移民的，否則就會有不測的傷災。更嚴重的會有性命之災。

在斗數中，命格上有『廉相羊』、『廉殺羊』、『武殺羊』、『廉破羊』，或是化忌、擎羊同宮的人，都最好要慎選移民方位，因為都有惡死的機率，要小心，以免遺憾終身。

第十章　投資煉金術第九步

——本人愛財多寡的問題

『愛財』就會對錢財有敏感力

本人『愛財多寡』就是對錢財、利益的敏感力的問題，很多人通常是財窮了，沒有錢了，才想到去賺錢。略有生活之資，他還是會逍遙自在的。但是在人窮的時候，運氣就不好了，賺錢的機會就少了，那裡還有機會找到工作？真是困難重重。就算是找到了，也是薪水不高、異常辛苦的。甚至是你不喜歡的，勉強先做做看的，自然也做不長久了。這些等到窮的時候再來考慮、找工作的問題、發展的問題（去投資）、另謀出路的問題的人，就是對金錢和敏感力不足的人。自然成功的機率較小，總是起起伏伏、難有起色了。

另一種對錢財、利益敏感力不足的人，是對金錢利益沒有概念的人。也就是說不會理財及計算能力不佳的人。這些人中也不乏愛錢的人，運氣好、錢財順利時，意氣風發、花錢耗財很快樂。運氣差時，無錢財可花用，又覺得擁抱財富是一件痛苦的事了。

對金錢、利益敏感力不足的人，有下列幾種命格：本命中財少的人。『命、財、官、夫、遷、福』等宮有天空、地劫的人。『命、財、官、夫、遷、福』等宮有財星帶化忌的人。『命、財、官、夫、遷、福』等宮有多個煞星聚集的人。

一般對金錢、利益、敏感力差的人，並不是他就不貪財、很清高了。反而會因為對金錢、利益的敏感性差、得財不易，耗財又凶，與人爭財的狀況就很嚴重，會凶悍、不計後果的去爭、去賺。往往為自己造成極大的災害。

㈠本命中財少的人：

本命中財少的人，一般從八字中就可看出來。例如：

日主是甲木、乙木的人，木的財是戊己土。八字四柱中土少或根本沒有土的人，就是命中財少的人。又例如：

日主是丙火、丁火的人，火的財是庚辛金，八字中金少，或就連地支含用中也少金，就是本命財少的人。

日主是戊、己土的人，土的財是壬、癸水。八字中四柱上水少的人，是本命財少的人。

日主是庚、辛金的人，金的財是甲、乙木。八字四柱中木少的人，是本命財少的人。

日主是壬、癸水的人，水的財是丙、丁火。八字四柱中火少的人，是本命財少的人。

本命財少的人，容易心窮。容易自閉、保守、不喜和人來往、人緣關係不好。有時候也會懦弱怕事，或想投身宗教、佛道、有避世的思想、做不了正事，也會沒有成就。

本命財少的人，也容易遇禍、招災、一生不順利。他們想事情的方法和常人不一樣，總是往壞處想、怕麻煩，也怕負責任，對人敬而遠之，和人有距離。在理財、算錢方面也覺得麻煩。自以為清高、自以為是一個不計較錢財的人。實際上，人必須有人緣桃花才會有賺錢的機會。錢財是養命活口的工具和資源。任何人少了它都是不順利，會和花草樹木一樣枯萎凋謝的。本命財少的人常覺得別人太現實、太銅臭了，只有自己清高，但也最常受到錢財上的煎熬。人一定要工作、要有成就感，才能肯定生命的意義。賺錢的型式只是在努力打拚之間做為某些成就的層次、評等的等級而已。人首先要把自己的生活過得好、打理的好、能獨立自主、有多餘的餘力再來照顧他人。這就是生命的意義。但命中財少的人，往往連自己也照顧不好，會拖累他人，再談清高，就是不倫不類了。

紫微命理中看『命中財少』這個部份，會看命、財、官、夫、遷、福這些宮位中是否是煞星多？是否是全無財星而定的。通常在命宮的三合、四方宮位中是『機月同梁』格，又多煞星和財星同宮，亦或是財星居陷，亦或是『因財被劫』的格式，或是『祿逢沖破』的格式，命中的財就會少了。

㈡命、財、官、夫、遷、福等宮有天空、地劫的人

通常，在人的命宮、財帛宮、官祿宮、遷移宮、夫妻宮、福德宮中沒有財星和祿星，那此人的財就會在父、子、僕、兄、疾、田等宮出現。這些人就比較會依賴家人生活、賺錢能力不強，做事和上進的能力不足了。倘若再有化忌、劫空、羊陀、火鈴在這些閒宮中出現，刑剋家人的關係和刑剋天生的財福、貧窮無財的狀況更嚴重。也會流浪天涯或生命不長。也會有消極思想、遁入空門。

劫空入命宮

天空、地劫入命宮的人，點子多、常幻想、不實際，估計錢財和利益的方法比較寬鬆、隨便，常異想天開，不會考慮太多的細節問題，往往想得太好而事與願違，或是想得太壞而放棄。

財帛宮有劫空

財帛宮有地劫、天空的人，理財能力不佳，在估計錢財、利益方面總有小失漏。也不在乎小錢，喜歡賺大錢，卻不一定賺得到。

官祿宮有劫空

官祿宮有地劫、天空的人，工作、事業會斷斷續續，也會常失業、計算能力不佳，對金錢的敏感力、賺錢能力、打拚能力都較差。

夫妻宮有劫空

夫妻宮有天空、地劫的人，是內心清明、較清高的人，頭腦空空，也不想為錢財、利益傷太多腦筋、太銅臭了。或是很想賺錢，但行為、動作、打拚目標太不實際，以致於白忙一場。

遷移宮有劫空

遷移宮中有地劫、天空的人，表示周圍的環境常落空，財跑掉了，讓你拿不著、也賺不到。你也常會頭腦空空、做些與賺錢背道而馳的事情。而且你耗財很凶。

福德宮有劫空

福德宮有天空、地劫的人，表示你天生內心的想法，就不想與錢財、利益為伍，賺不到錢，得不到利益也沒關係，你根本是無所謂的。

㈢『命、財、官、夫、遷、福』等宮有財星、運星帶化忌的人

命宮有財星帶化忌的人，例如壬年生的人有武曲化忌在命宮，乙年、庚年生的人有太陰化忌在命宮，不論武曲、太陰居旺或居陷，你都是會有錢財上的煩惱和是非麻煩的人。會造成如此之結果，自然常有對金錢、利益設想不周之處才會造成的。

命宮中有運星帶化忌的人，例如癸年生的人有貪狼化忌、戊年生的人有天機化忌在命宮。

命宮有貪狼化忌

有貪狼化忌在命宮時，會人緣、機會不好、嗅覺不靈敏、自然聞不出錢財、利益的方向在哪裡，或誰是會讓你得財的關鍵人物等的事

情。這是對金錢、利益敏感力差的關鍵。

命宮有天機化忌

有天機化忌在命宮的人，是腦袋聰明有了變化，有時是另類聰明，另類思考方式，不像常人一樣。他與常人的看法不同，做事方法也不一樣，人際關係、機會、內心與外在的表現容易讓人不能接受，這也是對金錢、利益的敏感力差。有天機陷落化忌在命宮的人，在思想上有妄想症或精神方面之疾病，工作能力很差。自然也沒有金錢、利益上的敏感力了。

命宮有文昌化忌

辛年生的人有文昌化忌在命宮的人，或有文昌陷落在命宮的人，也會有計算能力、文書處理能力上的問題和瑕疵，也會金錢、利益上的敏感力不足。

財帛宮有武曲化忌

財帛宮有武曲化忌的人，有關金錢方面的事情常出錯，或賺錢不易，常有是非、較糊塗，易被人矇騙。

財帛宮有太陰化忌

有太陰化忌的人，金錢常不順，在錢財上的人緣不好、理財能力也不佳，對錢財的敏感力不好、賺錢不積極、學賺錢的事、理財的事都學不好，更討厭錢財和計算的問題。

財帛宮有貪狼化忌

有貪狼化忌在財帛宮時，其人賺錢的機運不佳，沒有機會去賺多一點的錢，也容易失去工作，薪資也常會被人吞掉或不發給。容易有錢財是非災禍。

財帛宮有天機化忌

有天機化忌在財帛宮的人，在金錢運上常有變化起伏，最後因是非變化而失去錢財、利益。

官祿宮有武曲化忌

官祿宮有武曲化忌的人，在工作和事業上賺錢少、是非多、工作不順、容易領不到錢，也容易失業。做生意會倒閉、背債。有關金錢、利益是一點也享受不到的。官祿宮也是代表智慧的宮位，有武曲化忌時，表示其人在思想、智慧上對金錢、利益的問題想法扭曲，常是用一種會招惹是非糾紛的想法來做事的。例如先借用公款、想以後再補足，但後來也沒能力補上，被發現而開除或惹官司。

官祿宮有太陰化忌

有太陰化忌在官祿宮的人，也是智慧、感覺都不算太靈敏的人，想法也會扭曲。在工作上常發生問題、糾紛或有薪資拿不到的問題。甚或你工作的公司快到閉了，你也沒察覺到，最後做了受害者。

官祿宮有貪狼化忌

官祿宮有貪狼化忌的人，在工作、事業上機會不好，自然賺不到什麼錢。同時工作的機會不多，在工作時，和同事相處不佳，不受上司重視，容易被辭退。並且你的腦子頑固不化、保守、怕事，不能做生意，事業無發展，常無工作，很自閉，腦子的活動力不強，不太聰明。

官祿宮有天機化忌

官祿宮有天機化忌的人，你自以為聰明，但是另類聰明。在工作上常因事情的變化，再起是非糾紛而失業。工作能力不佳，常被辭退或開除。

夫妻宮有武曲化忌

夫妻宮有武曲化忌的人，你的配偶常有錢財上的問題、不順或多糾紛。你本身在內在思想上對金錢的觀念也不佳，理財能力不好或是不愛談錢。本身怕招惹錢財、利益方面的事，或是想用一些怪方法、不正當的方法來賺錢，會惹麻煩。

夫妻宮有太陰化忌

夫妻宮有太陰化忌的人，你的配偶對人的敏感力不好，常看錯人，或人緣不佳、保守、內向、不討人喜愛。你本人的內在感覺也會遲鈍，對錢財敏感力不佳、理財能力不足，怕惹錢財是非的東西。你自身也會內向、保守，對人常有不好的想法、比較悲觀，自然對錢財的、敏感力不好了。

夫妻宮有貪狼化忌

夫妻宮有貪狼化忌時，你的配偶是個內向、保守、人緣、機會都不太好的人。你自己的內心，也是如此想法的。你們夫妻都是對人際關係、機緣不太熱衷的人。你們和別人會保持一定的距離，在賺錢方面機會就少了，在利益方面也很難接觸了。你們夫妻性格保守，不會想投資和移民。

夫妻宮有天機化忌

夫妻宮有天機化忌時，你的配偶是有小聰明，但沒有做事能力的人。他有另類思想，常和你做對。同時你本身的想法也有怪異之處，不太為人接受。你也不太會朝賺錢方面努力，常會做些錯事或奇怪的事來阻礙自己賺錢或得到利益。

夫妻宮有文昌化忌

夫妻宮有文昌化忌時，配偶和你自己的計算能力都不好，常出錯，會遭災。有文昌陷落時，表示配偶長相粗俗，你的內心常有不好、奸險較惡劣的想法，你們夫妻倆的計算能力都差。

遷移宮有武曲化忌

遷移宮有武曲化忌時，表示你周遭的環境中常有金錢是非、糾紛。你常生活在債務纏身的環境之中。你一生都容易金錢不順、有債務或金錢官司。

遷移宮有太陰化忌

遷移宮有太陰化忌時，表示你周遭的環境中，別人都對你不太好、不溫柔，常嫌棄你，而且你也得不到太多的金錢用度，享受不到財福。

縱然你遷移宮中是太陰居旺化忌，表示你周圍環境中仍有錢，也有金錢糾紛，你享受不到，而且是女人在管錢，她對你不利，偏不把錢財、利益給你享用。倘若是太陰陷落化忌，表示你周圍環境中較窮，更有欠債或金錢糾紛，周圍的人對你態度冷淡惡劣。是女人產生的是非糾紛而讓你更窮。

遷移宮有貪狼化忌

遷移宮有貪狼化忌時，表示你周圍的環境中是保守、內向、很難向外發展的。你也會有特殊的思想觀念、不喜歡向外發展的。你會頑固、自以為是，等待別人找上門來，送賺錢的機會給你，但這是機會渺茫的。你會安土重遷、不太會往外國投資。你也看不到外面的世界或外國的環境有什麼好。

遷移宮有天機化忌

遷移宮有天機化忌時，在周圍的環境中，是保守、劃地自限的，你很難去變化改善環境，因常會愈變愈壞、是非糾紛和災禍愈變愈多。

你很怕麻煩、也怕變動。你常有不好的際遇，會心驚膽顫，因此你也不會往外投資。你周圍的環境不好，常換工作或常搬家。

遷移宮有文昌化忌

遷移宮有文昌化忌時，在你周圍的環境中常有因計算能力不好、計算錯誤或文書錯誤以及頭腦不清所引發的糾紛和麻煩。你的頭腦也不太好，不夠聰明、不精明、容易招災和被騙。當文昌陷落在遷移宮時，表示你周遭的環境的人中是粗俗、不雅、沒有知識、文化水準較低的人。你一生所處的環境也會較低俗、文化層次不高、理財能力差。環境中較雜亂、不夠整潔、不細緻的。有這種遷移宮的人，在投資時，會遇到粗鄙的小人，或因計算能力不好，而被騙、損失而遭災。

遷移宮有太陽化忌

遷移宮有太陽化忌時，表示你周圍環境中和男性不和，事業前途也都不理想，有是非災禍，你也會保守、頑固，與人來往少、人際關係不佳，一切事情都較難開展的。

遷移宮有巨門化忌

遷移宮有巨門化忌時，表示你周圍環境中是非災禍多、口舌嚴重，全都是些頭腦不清的人。你的環境不好，故你會保守、少與人來往，也不信任人。一生也不順利。你不會去投資。

福德宮有武曲化忌

福德宮有武曲化忌時，表示你天生的思想上就有使錢財易起糾紛的觀念，而讓你享受不到財福。你會耗財多，也常會因想法上對金錢的賺錢智慧不足或對金錢的理財觀念扭曲，而有錢財糾紛或不順的困難。你是因自己的腦子有問題而得財少的人。你會因一時興起而去投資，又因一時衝動而放棄、功虧一潰。

福德宮有太陰化忌

福德宮有太陰化忌時，表示你天生思想和觀念上對錢財和女性的看法就有問題。你會追求一些形而上的東西，想法清高、不實際。也會有感情糾葛、重情不重理，或感情和金錢扯在一起而錢財搞不清楚。當然最後的受害者仍是你自己。

福德宮有貪狼化忌

福德宮有貪狼化忌時，你是保守、孤僻的人。在好運的敏感力上很差，也會有不合於一般常理的貪念，替自己造成是非、糾紛和災禍。

福德宮有天機化忌

福德宮有天機化忌時，你是腦筋有問題的人，你有時看起來聰明、有時候看起來很笨，是天生易招惹是非災禍的人。你也可能有精神異常的狀況，別人都不敢惹你。這兩種命格的人，別人也不會幫你去投資，你自己也沒能力去。

福德宮有文昌化忌

福德宮有文昌化忌的人，根本讀書讀不好，腦子不清楚，也容易胡說八道，有精神異常的現象，有時這種現象要年紀大一點才顯現。文昌陷落在福德宮的人，相貌粗、智慧不高、容易起歹念、投機取巧、行為粗魯、勞碌奔波、學習能力也不強，成就會很弱。

福德宮有太陽化忌

福德宮有太陽化忌的人，是天生和男性不和、頭腦、精神都可能有問題的人，腦子不清楚、智慧不高，或有怪異思想、不合群，事業發展受困，自己會因異想天開去投資，但必有敗局。

福德宮有巨門化忌

福德宮有巨門化忌的人，是頭腦不清楚，愛把是非糾紛糾纏於腦中的人，一生鬱悶、勞心勞力，也會有精神異常的現象，亦會為小事而自殺，事業成就不高，會自閉，故無法自己去投資。

由以上可見：命、財、官、夫、遷、福等宮有財星和運星帶化忌時，問題皆由自身而起，想要投資是成功的可能性是不高的。搭別人的便車去，或跟隨他人去，也是起起伏伏、不穩定，容易嚐敗績的。

㈣命、財、官、夫、遷、福等宮有多個煞星聚集的人

我以前說過，在人的命格中，在命宮的三合（命、財、官）、四方宮位（命、遷、子、田）有四個以上（包括殺、破）等的煞星（指羊、陀、火、鈴、鈴、空、劫、化忌）的人，便會一生較坎坷，本命財會少，且容易有避世、入僧道、消極灰色的思想，那人一生的成就就無法有大開展了。向外投資就是要到外國去賺錢，這樣還行得通嗎？

夫妻宮是和官祿宮相對照的。福德宮是和財帛宮相對照的，遷移宮又和命宮相對照，如此一來，若出現的煞星多達四個以上，人從內心的奮鬥力、打拚能力就先受到制約了，賺錢自然辛苦，再加上運程起伏變化、不吉的運程多的話，自然在做事能成功的機率就會降低了，故這也是投資要注意的地方。

第十一章　投資煉金術第十步
——貴人運有多少

一個人在成就一樁事情或事業時，外在的助力資源也是十分重要的。

在投資方面，最重要的是要看合夥事業、共同投資的人相互之間的合作性、配合度好不好？這是合夥關鍵的重要支柱。中途拆夥，或遇事相互責難推諉。終究是兩敗俱傷，皆有耗財，不成功的。

貴人運的助力

一個人想要出外發展，希望常遇到有人幫助你的局面狀況，最好就是在命格中的命、財、官、夫、遷、福等宮有天梁星和左輔、右弼兩個輔弼之星了。天梁是長輩貴人、是年紀比你大的貴人。左輔、右弼代表平輩貴人，是和你同輩及同年紀的人。能幫助你的皆屬貴人。

天梁貴人運

天梁在命宮

天梁在命宮並不特別具有別人幫助你的機緣，而是你要是有心的話，是你幫別人多一點的。而且天梁必須居旺才有用的。**天梁在遷移宮較好**，表示出外時所遇到的環境中，長輩級的人或比你年長的會照顧你，對你有幫助。

天梁在財帛宮

天梁在財帛宮時，你常會受到別人的照顧、餘蔭，介紹賺錢的機會給你。

天梁在官祿宮

天梁在官祿宮時，你在工作、事業上會有長輩級或師長、學長、學姐、長輩級或比你年長的朋友的人介紹工作給你。

天梁在夫妻宮

天梁在夫妻宮時，你和配偶的年紀差距大，男子娶年長之妻，女子嫁比自己年輕之夫婿，也有女子嫁年歲比自己大很多，如父的配偶的，這種差距從差到二、三歲至一、二十歲的都有。並且有這種夫妻宮的人，一生受配偶的照顧、體貼、全憑配偶做主當家。倘若女子嫁比自己年輕的丈夫，則終身照顧夫婿，這多半是性格和能力都較強勢的人。主導事務的能力也強，大小事一把抓了。

天梁在福德宮

天梁在福德宮的人，都是命宮中有一顆巨門星的人，表示在你的性格中有一些好偷懶、喜歡找人幫助、找貴人來支撐自己，帶著投機取巧意味的本性。當然，天梁居旺時，一定能找到貴人，享受到貴人的幫助。天梁居陷時，多是非災禍，也無貴人相助。

左輔、右弼貴人運

命宮有左輔、右弼

命宮有左輔、右弼出現的人，你天生有領導力，也會具有合作精神，有帶人的本領。同輩的人和比你年輕的人會對你有幫助。你在家中和出外至他鄉，或是平日生活上、周圍的人都會主動來幫助你或服從你的領導。**左輔代表男性的平輩貴人**。這種輔助力量是略帶剛直、瀟脫、不求回報的、無怨無悔的、忠心的、講義氣的、終身的、願意服從及屈居你之下位的，來幫助你的型式。

右弼代表女性的平輩貴人。這種輔助力量是略帶感情用事型的、具有略帶霸道、偏袒、撒嬌、撒賴，認定是自己一幫或一國的人，才會願意伸出援手輔助你，同時會提出附帶條件。這種右弼的輔助力量，其貴人往往是居於上風來指導你，不太聽命於你的，而且非常主觀，是用她的方法來幫助你。

有右弼時，也講義氣、愛管你、幫助你，但會在和你已建好情誼之後才出手幫助你，幫助陌生人的機會較少。左輔是會幫助陌生的人。**因此在你的命宮有左輔星出現時**，你會到處吃得開。這些男性同輩人和比你年輕的左右手，會在任何環境中主動出現來幫助你。甚至你的父母宮好時，你的父母和長輩也會像平輩的朋友一樣來幫助你。**在你的命宮**

有右弼星出現時，幫助你的女性貴人會重情不重理，只要建立情誼，就會胳臂肘向裡彎來偏袒你、幫忙你了。

財帛宮有左輔、右弼

財帛宮有左輔、右弼星時，會有人助你生財，幫忙你賺錢，也會介紹賺錢的機會給你，但最好不要有羊、陀、火、鈴、殺、破等星同宮。因為左、右二輔星是助善者也助惡的。它同時也會幫助煞星刑剋、破耗的力量增強，困難也增多、形成拉鋸戰。就算是有人為你助財，但也消耗更多，就看不出能賺到什麼大錢了。

官祿宮有左輔、右弼

官祿宮有左輔、右弼時，你在工作、事業上會找到好助手幫忙。會有人介紹工作、賺錢機會給你。你也會具有領導能力以及合作精神。

官祿宮也代表智慧、處理事務的風格。**因此有左輔星在官祿宮時**，表示你是用爽直、袒誠的方式來處理事務（當然這必須在官祿宮全是吉星或吉星多時來論斷的）。來幫助你的人也是會用這種性格的方式來幫你做事的。**有右弼在官祿宮時**，表示你是用帶有人情味及人情壓力、自私、偏袒，只對自己人好的方式來做事的，來幫助你的人也會用這種性格和方式來幫助你。

夫妻宮有左輔、右弼

夫妻宮有左輔、右弼時，同宮有吉星才有用。夫妻宮有左輔時，配偶的性格稍為陽剛。個性、說話都較直。配偶對你有助力會義無反顧的幫助你。但是你們也會為了某些『講義氣』或為對方好而離婚。離婚很乾脆。但彼此仍會相互照顧像朋友一樣的相處模式。（不見得一定要

離婚）

夫妻宮有右弼星時，配偶的性格是表面溫順、內在性剛、霸道，也會幫助你，但你一定要聽他的話、受他的主控、約束才幫助你。你們也有離婚的可能，會因一時氣憤而離婚。離婚後，配偶仍會對你糾纏不斷，有時候打電話刺激你一下也好。（也不一定會離婚）

夫妻宮有左輔、右弼的人，並不是一定要離婚的，而是這種人的內心較脆弱，容易遇到第三者出現，也容易做比較。更是因為這些人長情，容易談多次戀愛，因為留有後備人選，故有二、三次以上的婚姻紀錄。但是無論結多少次婚，只是配偶的面貌稍有不同，但性格卻完全相同，將來離婚的原因也大致相同。此種人所找到的配偶也會幫助他的事業或理家，對他很有助力。

夫妻宮也代表其人內心深處的想法、觀念。因此這種人對別人是否能對自己有助益、有幫助是很在意的，也會憑靈敏的嗅覺、磁場的感應找到能幫助自己的人。因此在向外投資的過程中，夫妻會同心，也會找到幫忙你的人。

遷移宮有左輔、右弼

遷移宮有左輔、右弼時，這是最好的貴人運模式了。最適合向外投資。無論你如何遷徙、其至你搬到北極去住，也會在那裡遇到好人來幫助你生存和生活。遷移宮有左輔、右弼時，左右手就隨時在你的身旁出現，在你的工作場所，或出外買東西或上班、下班行進在路上，無論你走到那裡，你周遭環境中就有這種貴人出現，如影隨行。當你在家中時，你的父母、兄弟姐妹、配偶、子女會一起來幫你。所有的人都在你所面臨的境遇中來幫助你。幫助你的方式如前面所說的一樣，左輔是較爽直、不求回報的。右弼是帶有情誼，多少有點人情壓力的。

福德宮有左輔、右弼

福德宮有左輔、右弼時，你是命中帶貴人。你會比較懶，反正有事情、有問題時，貴人就會出現。你依賴貴人的時候較多。你也較多情，常想到曾幫助過你的人，並且希望他們一再出現給你幫助。這種企盼的心，往往讓你等在那裡，做事不積極。在要投資方面，你會拿不定主意，常等在那裡，等貴人出現後再決定。但是在你沒有行動的時候貴人是不會出現的。一定要等到你做下去了，遇到困難了，貴人才會出現。

文昌、文曲的貴人運

文昌、文曲也屬於臨時貴人。這是時間點上的貴人運。時間只有一小時左右。例如你出外遇到麻煩，在那個時辰中有文昌、文曲，因此在那個時辰中就可能遇到貴人來幫助你。**例如你的文昌或文曲在酉宮，是居廟的。**你在下午五時至七時之間外出時遺失了皮包、皮夾。就要在酉時中快點去找，很可能會找的回來，有臨時貴人會幫你。倘若過了此時辰，較不容易找了。又例如你出外搬有重物、搬不動正發愁。有人突然伸出援手幫忙你搬，一下子就能解決了。你可再回來看看命盤上，是否有文昌、文曲星在那個接受幫忙的時辰上所代表的宮位出現。

當然你經常性的在某一個時辰中遇到好人、貴人幫你忙，你就更可能確定是否有文昌、文曲的貴人運了。但是要注意的是：文昌、文曲在寅、午、戌宮為陷落時，是沒有貴人運的。

所以當你自己覺得是貴人運少的人，你又流離在外、遊走四方之時，偶而注意一下在昌曲居旺的時間，也多少能碰到一些貴人相助的快樂的，無論怎麽說、能得到外界的助力和人際關係的資源總是讓我們在體力和時間、金錢上較充裕，做事、打拚也會順利的多。在精神士氣方面也會振奮的。

第十二章　投資煉金術第十一步

——觀念主宰煉金術成功之關鑑

成功『練金術』的想法從一開始便已注定吉凶命運

每個人想要把一件事情做成功，或是想達到目的，使自己得到利益，實際上從一開始企劃營謀時，便已注定成敗的關鍵了。此話怎麼講呢？

因為從人一開始的意念和思想模式、想問題的思路、思考路徑，某些人就和一般會達到成功的正常管道背道而馳。某些人會用迂迴多想的方式，某些人會用意想天開的方法。某些人會用一窩蜂一頭鑽入的方式，逐一不同。

例如：**命格中在命盤上『命、財、官、夫、遷、福』等宮有天空、地劫、化忌的人**，是最不實際。在思想上、觀念上會和常人不一樣，考慮事情不是想得太美，就是想得太壞。有時候他們也是經過深思熟慮的，但往往最後的成果都是以失敗或遭災收場的局面。

命宮有天空、地劫

命宮有天空、地劫的人，是天生點子多、空靈，對錢財、利益的敏感性不高。倘若把點子交給別人去做，別人會大發，但他自己做，卻不能成功，這是由於內心思想的不實際，沒辦法掌握成功關鍵的人。同時他們的忍耐力和奮鬥力不足。也往往是功虧一潰的關鍵。

倘若命宮在寅宮或申宮，而命、遷二宮在寅、申宮一條線上有天空、地劫相對照的人，是頭腦空空、抓不住重點，在他的環境中他也看不到財和利益的人。容易人云亦云、隨聲附和。倘若家人移民、投資去了，他也順便跟去了，這是一種沒有雄心大志的人。別人說好，他就認為是好的人。一生起伏不定。**倘若命宮在巳、亥宮有天空、地劫**（包括有主星和無主星）**同在命宮的人**，是心思邪佞、偷機取巧、正派的想法全無、貪財、不做正事。有便宜可佔，他就去了。投資對他來說不是大事。自然也是一生起伏、好好壞壞的。

財帛宮有天空、地劫

財帛宮有天空、地劫的人：掌握不住財富和利益，對錢財和利益的敏感性差，找不到賺錢的方向和方法，也察覺不出利益實際的好處和所在之處。容易耗財、花大錢而做不成功事情。

倘若財帛宮在寅宮或申宮有天空或地劫，對宮相照的福德宮也會有另一個天空、地劫。這表示財的來源不好，也表示其人思想上不實際、賺錢的敏感力也不好，自然享受不到財福。倘若要投資容易花大錢、有大損失、會品嚐失敗的戰績了。

倘若財帛宮在巳宮或亥宮而有地劫、天空同時入宮，無論財帛宮中是否有其他的主星存在，這始終是個根本賺不到錢或是掌握不到財權的人，這樣的人就沒有錢去投資。縱然能去，也是倚靠他人而去的。在投資方面，也定會幫老闆賠本賠光的，或根本賺不到錢，丟了一筆錢了事。

昌曲左右
府相同梁

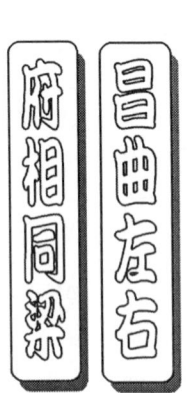

官祿宮有天空、地劫

官祿宮有天空、地劫的人：因為官祿宮也代表其人的智慧。人在讀書時的青少年時期看功課好不好？會不會讀書？就是看官祿宮好不好。成年人有沒有事業？工作形態及順利與否也是看官祿宮。所以官祿宮是代表人的智慧與奮鬥力的宮位。當此宮位有天空或地劫入宮時，即表示有另類聰明、奮鬥力不持久、思想不實際、與常人不一樣，會工作、讀書不長久，自然做事也是難以成功的。

當官祿宮在寅、申宮有天空或地劫時，和後面所談『夫妻宮在寅、申宮有天空、地劫』是相同的形式。因為夫、官二宮是相對的，就是『有婚姻就有事業』，無婚姻也無事業的狀況，故此人的結婚與否很重要。配偶的意見決定其人的性向、決定。其人是不積極的，若配偶積極投資。此人被迫或是亦會附和，覺得很好，也會參與，但多半是被動的。此人最好不是投資的重要支柱之一才好。否則也會待不長久、嚐到敗績。

當官祿宮在巳、亥宮有天空、地劫一起同宮時，無論官祿宮是否有其他主星存在，其人皆是沒有事業的人，也不太會做事，會靠家人生活。家人去移民了，順便帶他去。在投資方面，有時長期無工作，聽別人說到外地或外國投資好，便吵著讓家人籌款，讓他去投資做生意。因為做事經驗不足，定是跌個大筋斗而回。

夫妻宮有天空、地劫

夫妻宮有天空、地劫的人：夫妻宮雖然代表展現的是配偶方面的資料，但也是代表其人內心思想、觀念的宮位，是屬於人內部深層的思想觀念。**有天空、地劫在夫妻宮的人**，內心較空茫，不太多想、心境明朗、單純、積極奮發力不足。倘若是卯時或酉時生的人，夫妻宮在寅、申宮出現，就會有天空、地劫，在官祿宮和夫妻宮相對照的情形，此時就是看此人是否會結婚了。有婚姻就有事業，無婚姻便無事業，工作期也會不長久。並且其人是沒有太多企劃能力的人，端看其配偶的能力強不強，配偶能力強的人，則由配偶來主導事情。配偶能力不強，其本人又性格固執、強勢的人，勢必常嚐敗績、凡事不成。

倘若夫妻宮在巳、亥宮時，有天空、地劫入宮，此人會無妻、不結婚，也容易入僧道佛門或做神父等神職人員。此種人一可說是心如明鏡，不著俗塵，也可說根本不實際，倒能隨遇而安。若是僧道、尼姑、和尚、神職人員，因寺廟、教會的派遣移居他地方式，因寺廟、教會本身有經費補助，倒也無憂無慮，順其自然就好。但要看流年、流月是否有『羊陀夾忌』的惡格，小心遇險喪命。若不是僧道、神職人員，就不太會投資了，即使去移民、投資，也是血本無虧、住不長久的了。

遷移宮有天空、地劫

遷移宮有天空、地劫的人：遷移宮有一個天空或地劫的人，是環境中容易無財或自己在周遭不容易看到財、不容易掌握財的人。此種人當然也容易賺不到錢財、不容易看到利益。此種人要去投資，聽別人說的很好，但是錢投下去，常無法回收。像是錢砸向河流中，連泡沫也沒有。此種人要請家人或親近的人幫他去要回錢和取財。此人一生也不容易有成就，一定要有好幫手才行。但是他的思想會是點子多又佳、聰明的人。但往往是最不實際的人。

倘若遷移宮和命宮坐於寅、申二宮相對照有天空、地劫時，此時天空、地劫也是相對照的，故此人是頭腦空空、點子奇特，並不笨、很聰明，但想法和實際狀況差距很大，會意想天開，會摸不到錢，掌握不到錢，也把握不住利益。也會人云亦云，隨他人起舞。此人若想去投資，會跟隨他人一窩蜂的狀況去，最後別人成功了，他卻一無所獲的回來了。

倘若遷移宮在巳、亥宮有地劫、天空同宮，其人是外界環境空無、窘困的人。此人容易入佛道、做神職人員。此人再聰明也逃不過環境的變化、時光的遷動。同時他也是個不實際、想法多、幻想多，一事無成的人。若一時想投資，過段時間便會想法煙消雲散了。倘若真去成了，也是敗部將軍，破敗而歸。倘若此人是和尚、尼姑、基督教、天主教的神職人員，教會有龐大資產、經費可支柱，但此人也苦不堪言，不一定要得到錢，終就會打道回府或病死他鄉了。

福德宮有天空、地劫

福德宮有天空、地劫的人：福德宮主宰人的享受、財福多寡，也主宰人的意志力，更主宰人的思想層面、智慧方向。**所以福德宮有一個天空或地劫星的人**，多半會有某一些不實際的思想，但還不算嚴重，倘若主星是吉星居旺時，代表有一點不實際，或因清高的想法、不合潮流、凡事不計較的想法，使自己能享受到的財福少了。此種人也會意志力不夠堅定，容易受他人影響。另一方面他們也天生的對錢財的敏感力差了。**福德宮是『財』的源頭**，有天空、地劫在福德宮時，本命中的錢財就少了。這些人從八字中也可看出是本命財不多的人。所以在投資的過程中，容易看不清事實，容易耗財或花了大錢，事與願違，結果是容易不美滿、不圓滿的，容易後悔、傷心的。

倘若財、福二宮分別在寅、申宮相照而有天空、地劫時，天空、地劫也是相對照的，其人在理財和得財方面都是不順利有瑕疵的。強行要投資，都是趁興而去，敗與而歸，而且損失很大的。

倘若福德宮在巳、亥宮有天空、地劫同宮時，表示其人腦袋空空，非但不實際，有時是精神病患者，也可能終身不結婚、結不成婚。一生幻想多，或迷戀佛道、宗教，一生沒有成就。在投資上，會隨他人或宗教團體前往，也容易沒有中心思想、不能自主。

投資煉金術

命宮有化忌星

當命宮有化忌星的人，其人會頑固、保守、固執、想法怪、多扭曲、多是非，容易做一些親者痛、仇者快的事情。常懷疑別人，常喜歡把問題埋藏在心底，做自我折磨不說出來解決。最後解決事務的方式，肯定是牽扯出更多是非，是頻頻製造麻煩的人。這種人要想投資，他不相信家人、愛相信外人，最後也易遭騙或被陷害。在流年不好，或有『羊陀夾忌』在流年運程中的人，又誤入忌方的話，會有劫殺、性命不保的災害。因此在投資上要小心。這樣不但損失了金錢，也損失了生命。

財帛宮有化忌星

當財帛宮有化忌星的人：其人也會思想固執和怪異。其人在錢財上常有是非不順或貪小失大。這是理財觀念不好、計算利益的能力差。對錢財的敏感力不佳、有是非扭曲變形的人。有時會膨脹自己的金融信用，靠信貸、賣產來投資。這種命格的人要十分小心了，若是大運、流年不好，不但跌得慘，而且可能永無翻身之日。

官祿宮有化忌星

當官祿宮有化忌星的人，其人也是思想固執、怪異。其人在事業、工作上多遇困難和打拚力不足，而且會起伏不定，要看大運、流年是否好，但在投資上也不會是個贏家，若求溫飽型的尚可。其人的智力有問題、容易是自大狂或自卑者兩極化的人。想事情的方式和常人不一樣，怨聲多，一生起伏不定，要靠配偶和家人的配合才會順利。但心不能太大，否則雄心壯志皆為泡影。

夫妻宮有化忌星

當夫妻宮有化忌星的人：亦是思想頑固、保守、內心多翻騰、想法詭異、是非黑白容易顛倒的人。內心多是非、常不快樂、煩惱多、想得多、沒有主見、又頑固，常和別人唱反調，容易自作聰明、又遭災後諉過於人的人。所以在投資的問題上，常反覆吵鬧不休，但最後又同意家人、配偶去做。當投資的問題遇到挫折時，便又責怪別人。因此他們也可說是聰明又不負責任的人。

遷移宮有化忌星

當遷移官有化忌星時：其人也是頑固不化的人。其人的外在環境中多是非、災禍。所遇到的狀況很複雜，常有意外之災。其人也會保守、明哲保身，但總躲不過。其人也會內心煩亂、拿不定主意。因為環境不佳，因此在投資的境況中總是位處下風，遭受刁難、不順利，比別人辛苦的多。當大運、流年逢此化忌之年，容易失敗、耗財。若有『羊陀夾忌』惡格在遷移宮，又大運、流年逢之人，會遭劫殺身亡。這是不適宜投資的人。

福德宮有化忌星

當福德宮有化忌星的人，其人也是頭腦頑固不化，而且頭腦不清楚、糊塗。其人一生多是非、思想上是常聰明的不是地方。真正該聰明、明智的時候，反而是糊塗、愚笨的。而且對錢財和利益的計算能力差，搞不清方向、重點。在投資方面，全道聽塗說，或異想天開、做了再說，往往因思慮不周全而喪失錢財。**當大運、流年逢化忌之年**，會耗財、失敗。**有『羊陀夾忌』之惡格在福德宮時**，其人會保守、也會孤注一擲。大運、流年逢此，亦會遭劫殺有性命之憂。**當福德宮有化忌的人**，也是天生財不多的人，要隨他人移居、幫他人投資，也是耗損多而難成的，此人一生成就也不高，只會耗財而已。

由上述可知，許多人會因先天思想、觀念的不實際、不周詳，或根本用腦不多，先天上已注定一生成敗的吉凶，要去投資，已屬天方夜譚，根本沒有勝算和平順生活的能力，因此這些是不適合變動環境或變動工作的。

第十三章 結論

長久以來，來找我談投資問題的朋友非常多。這始終是個時髦的話題，每個人都在論命將結束時，會問一下自己是否適合向外投資。這其中不乏許多已精通命理的人，或是略懂命理的人。這使我覺得非常有趣。

我一直認為，凡是精於命理者，必已對自己的人生有了非常大之瞭解，更知道自己性格上的優點和缺點了。也會知道自己的運程是個什麼樣的走法了。不管是從以前經歷種種事情的經驗，和從命理知識的經驗裡，都應該很清楚自己未來的路是該怎麼走的了。

倘若一個人學了命理，還是對自己不甚瞭解，或是經歷了人生的波折而無改進，脾氣、心性也改不了的話，還要妄說自己是懂命理的人，這就是一件可笑的事了。

有一位號稱自己已學了二十年紫微命理，很精通命理的女士，跑來找我論命，當她告訴我，她已研究紫微命理二十年，使我很驚訝的問她：你自己會算，為什麼還找我來算呢?她笑笑說：『我這命很難算！我是個很有錢的命，但是現在我還負債一百五十萬元，我想看看你是怎麼算的？』原來她是來踢館，考一考我的。

這位女士是太陰、火星在酉宮坐命的人，太陰居旺，火星在得地的位置，對宮是天同居平化祿、天空。財帛宮是太陽、祿存。官祿宮是天梁，身宮亦落在官祿宮。田宅宮有廉貞化忌、天相、文曲。夫妻宮是天機陷落化權、左輔、右弼、地劫。福德宮是巨門、鈴星。子女宮是破軍、擎羊。

這位女士認為她是太陰財星居旺坐命的人，財帛宮又有祿星（祿存），遷移宮又有天同化祿，因此她該是個有錢人。她曾經做生意也做的不錯，但後來做生意也欠債，直到現在。今年五十六歲了，還在餐廳打工來還債，想了很多年都想不通，她不但自己算，還找了很多算命師來算，都找不到令她滿意的答案。

事實上，我覺得這個人是永遠也找不到令她滿意的答案的。

原因有好幾個，問題都發生在她自己的想法上，腦子不改，就是到了六十幾歲、七十幾歲，壽終正寢的時候，她依然是想不通及沒錢的。她學了二十幾年的命理根本是白學的，往後的日子，仍然在找算命師，在找別人花很多錢繼續算命。

她的問題第一個是：雖多年學習命理，但真正的命理還不通。且

投資煉金術

對自己的命格有遐想，想的太好了。實際上本命並不如她自己所想的那樣有錢！她可以從她的生命所走過的五十六年來印證感覺。

這位女士命宮是太陰、火星居酉宮，太陰居旺、火星居得地的位置，太陰是財星，但是『機月同梁格』中的財，屬於薪水階級、儲蓄的財，有火星（這是煞星）會刑財，因此此人常因急躁、衝動、花錢很快，耗財很凶。太陰雖是財星，但是溫和的星，最怕羊、陀、火、鈴來刑財，這樣本命的財就不多了。再加上她的遷移宮中是天同居平化祿、天空，『祿逢沖破』、『財祿逢空』，而且天同是居平的，故而環境中是勞碌奔波，財很少的局面。天同又是福星，不是財星，故此人常東忙西忙，忙的是玩的事，或用腦子中常估計錯誤，看不到財，而誤失賺錢良機。

另一方面從八字來看此人的財，**她的八字是：**

丙戌
癸巳
日主 **戊子**
庚申

這位女士是日主為戊子，生於巳月，火土並旺，且為建祿格的人。干上有丙癸出干，日主戊土的財是水，支上子申會水局，巳申相沖，沖去申中壬水，尚有子中癸水可用。干上戊癸相合化火，更增火旺，所以此人仍應用癸水做用神，以解炎。四柱無木，無官煞來剋土，因此此人是形象較粗的人，而且官星不強，由八字也可看出此人有衣食之祿，並非大富之人。而且家世也並不好。

此人雖不富，但命格中有『武貪格』偏財運格，將在六十歲時有平生最大一次偏財運，也會有暴起暴落的運程。

另一方面她的財帛宮雖是太陽、祿存，表示賺錢的機運不錯，要賺都有，但格局不大，是小氣可夠生活的財。身宮落官祿宮，注重事業。官祿宮是天梁居旺，有貴人相助事業，工作可得人介紹、照顧而成，也能用工作態度好及名聲來延續事業，做服務業最好。在其人『命、遷、子、田』四方宮位中，煞星太多，田宅宮又有『廉貞化忌、天相、文曲』，表示財庫不美滿，是因頭腦不清，有官非，想法不周全而財庫不穩，有漏洞。也有家宅不寧的問題，自然也減低了財庫豐滿的財力，財不多了。

我們再來看看其人思想上的毛病。命宮、夫妻宮和福德宮都代表人內在思想上的智慧與主宰行為的能力。其人的夫妻宮是天機陷落化權、左輔、右弼、地劫，這代表其人更代表其人的內心常是用一種古怪的，自以為聰明、頑固的方法在做事和思考，表面看起來這種思考模式好像是非常聰明，對自己有利的，但實際上卻是使她自己根本享受不到利益的方式。福德宮有巨門、鈴星，表示其人在思想上有口才好，愛狡辯，有古怪扭曲，多是非，懷疑，善變的想法。

綜合這些命理上的資料，我們可以很清楚的看到這個人的內心世界是喜歡算命，只喜歡聽別人說自己命理上好的部份，所以她喜歡聽別人說她有錢，她也自認為如此。她也清楚的知道自己的毛病，也清楚的知道自己的財有多少。但是不好的不想相信，某些智慧不高，腦袋不夠用的事也不願承認。既不願承認，當然也不會改了。於是天天算命，也算不好，沒有結果了。

一個人學命理要學得好，一定要能應用。每一個命盤都巨細無遺的展示了當事人的一切資料及一生的經歷，以及所有時間點上的吉凶榮辱。每個命盤中都有相等數量的煞星和吉星，只是組合不同。每個人的命盤也都不能十全十美，人生也都會有起伏轉承的時刻。因此怎麼樣能誠實的面對自己，用心來改革檢討生命歷程中的瑕疵，使之儘量趨向圓滿之途，這就是學命理最終的道路。

我常說：學命理而不能使自己生活平順，少煩惱的人，這就是白學了，學也沒學好。學命理而不能使自己奮發向上，改變人生層次的人，也是白學了！學命埋而不能六親和合，父慈子孝、兄弟姐妹、朋友、人際關係友善的人，也都是白學了！學命理而不能趨吉避凶，增長富貴，提升文化水準，提升善念的人，也都是白學了，學也學不好。學命理不能改正自己錯誤的觀念，不身體力行去做，也都沒有用，富貴又如何而來呢？因此，再次提醒大家，學命理是要親身去做的，用命盤和命理去觀察、印證自己以前所發生的事，還要多用腦筋思考未來所走的路是必須不會重蹈覆轍，有再犯之過失的路。這樣一次次的重覆實踐，每一個人生階段的層次才會高，學命理也才會有用。你也才真正的算是學會命理了。命理也才真的能幫助你了。

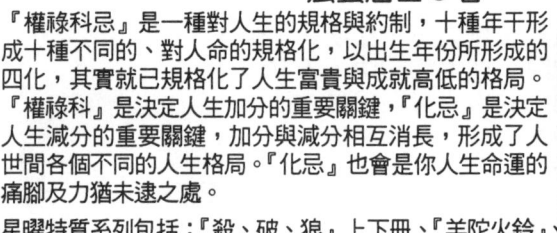

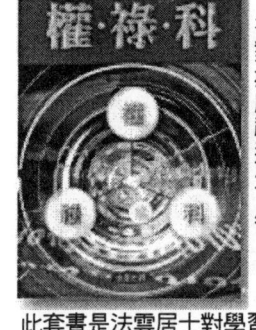

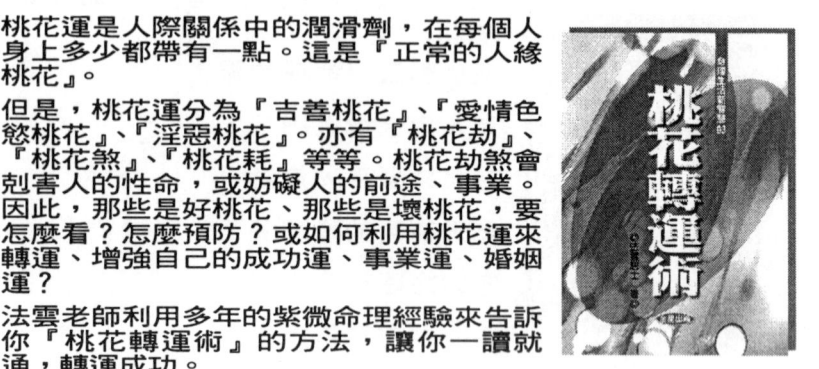